Gottesglaube und Religionskritik

D1617673

Forum Theologische Literaturzeitung

ThLZ.F 30 (2014)

Herausgegeben von Ingolf U. Dalferth
in Verbindung mit Albrecht Beutel, Beate Ego,
Andreas Feldtkeller, Christian Grethlein,
Friedhelm Hartenstein, Christoph Markschies,
Karl-Wilhelm Niebuhr, Friederike Nüssel
und Martin Petzoldt

Ulrich H. J. Körtner

Gottesglaube und Religionskritik

EVANGELISCHE VERLAGSANSTALT
Leipzig

Ulrich H. J. Körtner, Dr. theol., Dr. h.c., Dr. h.c., Jahrgang 1957, ist seit 1992 Ordinarius für Systematische Theologie an der Evangelisch-Theologischen Fakultät der Universität Wien und seit 2001 auch Vorstand des Instituts für Ethik und Recht in der Medizin der Universität Wien. Körtner ist u. a. geschäftsführender Herausgeber der Zeitschrift für Evangelische Ethik und Mitherausgeber der Theologischen Rundschau sowie der Schriftenreihen »Arbeiten zur Systematischen Theologie« (Leipzig), »Ethik und Recht in der Medizin« (Wien) und der »Edition Ethik« (Göttingen). In den Jahren 2010 und 2013 erhielt er die Ehrendoktorwürden der Faculté libre de Théologie Protestante de Paris und der Reformierten Theologischen Universität Debrecen.

Bibliographische Information der Deutschen Nationalbibliothek
Die Deutsche Nationalbibliothek verzeichnet diese Publikation in der Deutschen Nationalbibliografie; detaillierte bibliografische Daten sind im Internet über ‹http://dnb.dnb.de› abrufbar.

© 2014 by Evangelische Verlagsanstalt GmbH, Leipzig
Printed in Germany · H 7693

Das Buch wurde auf alterungsbeständigem Papier gedruckt.

Umschlag und Entwurf Innenlayout: Kai-Michael Gustmann, Leipzig
Coverfoto: Atheist Bus Campaign Launch (© Zoe Margolis, Ausschnitt)
Satz: Druckerei Böhlau, Leipzig
Druck und Binden: CPI books GmbH – Clausen & Bosse, Leck

ISBN 978-3-374-03753-7
www.eva-leipzig.de

Der Reformierten Theologischen Universität Debrecen

zum Zeichen des Dankes

für die Verleihung der Ehrendoktorwürde

Vorwort

Parallel zum Wiedererstarken von Religion im öffentlichen Raum formiert sich auch ein neuer Atheismus. Beide Entwicklungen führen zu einer Renaissance der Religionskritik. In Auseinandersetzung mit heutigen Formen des Atheismus soll das komplexe Verhältnis von christlichem Glauben und Religionskritik untersucht werden. Komplex ist dieses Verhältnis zum einen, weil der Begriff der Religionskritik eine mehrfache Bedeutung hat, zum anderen, weil der biblische Gottesglaube selbst ein religionskritisches Potential hat. Gottesglaube und Religionskritik stehen sich also nicht einfach als zwei verschiedene Größen gegenüber – hier der Glaube, dort die Kritik –, sondern sie durchdringen sich auf unterschiedliche Weise. Darum kann auch die Auseinandersetzung mit heutigen Formen von Religionskritik oder den neuen Spielarten von Atheismus nicht nach einem einfachen Schema von Frage und Antwort geführt werden, sondern nur in einem Wechselspiel von unterschiedlichen Formen der Kritik von Religion.

Herzlich danken möchte ich Frau Dr. Annette Weidhas für die überaus gute Zusammenarbeit mit dem Verlag, sowie Frau Mag. Elizabeth Morgan und Herrn Jason Valdez, die mir bei der Literaturrecherche und den Korrekturen geholfen haben. Das vorliegende Buch ist aus einer Reihe von Aufsätzen und Vorträgen erwachsen, deren Erstveröffentlichungen am Ende nachgewiesen werden.

Wien, im November 2013   Ulrich H. J. Körtner

Inhalt

Einleitung

An Gott zu glauben, versteht sich nicht von selbst. Schon gar nicht der Glaube an den gekreuzigten Gott, den das Neue Testament bezeugt. Dieser Glaube ist eine existentielle und eine intellektuelle Zumutung. Er ist nicht irrational oder absurd, wohl aber paradox. Er mutet uns zu, an einen Gott zu glauben, dessen Macht sich in der Ohnmacht eines gekreuzigten Menschen zeigt. Er mutet uns den Gedanken zu, dass in diesem Tod das wahre Leben zu finden ist, während ein Leben ohne Beziehung zu dem gekreuzigten Gott so gut wie tot ist.

Der Glaube an diesen Gott ist in mehrfacher Hinsicht strittig. Nicht nur stößt er auf die Kritik anderer Religionen, sondern seine Auslegung und die mit ihr verbundene Lebenspraxis ist auch innerhalb des Christentums seit seinen Anfängen ein Gegenstand beständiger Auseinandersetzungen und Konflikte. Der christliche Gottesglaube sieht sich aber auch seit seinen Anfängen religionskritischen Einwänden von philosophischer Seite ausgesetzt.

Religionskritik kann sich generell gegen bestimmte Elemente von Religion oder gegen diese als solche richten. Und ebenso kann die Kritik am Gottesglauben eine konkrete Form desselben oder eine bestimmte Gottesvorstellung ins Visier nehmen oder aber radikal die Existenz Gottes überhaupt und damit jeden denkbaren Gottesglauben in Abrede stellen.

Von Religionskritik ist in diesem Buch daher in mehrfacher Bedeutung die Rede. *Erstens* meint Kritik der Religion ihre Untersuchung von einem Standpunkt außerhalb derselben, sei es aus einem philosophischen, religionswissenschaftlichen, human- oder kulturwissenschaftlichen Blickwinkel. Beschreibung und kritische Analyse können im Einzelnen zu einer Kritik an bestimmten Entwicklungen und Erscheinungsweisen von Religion führen, ohne die Sinnhaftigkeit von Religion überhaupt, sei es für menschliche Individuen oder für die Gesellschaft im Ganzen, in Abrede zu stellen.

Kritik bedeutet in diesem Fall zunächst nicht mehr, aber auch nicht weniger, als dass Selbst- und Fremdbeschreibung von Religion zu unterscheiden und nicht deckungsgleich sind. So hat die Aufklärungsphilosophie einen Begriff von Religion und ihrem Wesen entwickelt, um im Namen einer vermeintlich natürlichen oder transzendentalen Religion, die zur *condition humaine* gehöre, das bestehende kirchliche Christentum zu kritisieren und die mit der Reformation ausgebrochenen Konfessionskonflikte zu befrieden.

Kritik der Religion kann *zweitens* ihre Kritik aus der Binnenperspektive einer Religion bedeuten. Die religiöse Religionskritik hat wiederum eine zweifache Blickrichtung. Zum einen geht es um Selbstkritik innerhalb einer konkreten Religion, d. h. um die innerreligiöse Auseinandersetzung darüber, welche Interpretationen und Praxen den Grundintentionen der eigenen Religion entsprechen oder nicht. Zum anderen setzt sich religiöse Religionskritik aber auch mit anderen Religionen vom Standpunkt der eigenen Religion auseinander und prüft, inwieweit der Wahrheitsanspruch einer anderen Religion und ihre Praxis der Gottesverehrung oder ihre Transzendenzerfahrungen mit den eigenen Erfahrungen, dem eigenen Wahrheitsanspruch und der eigenen religiösen Praxis übereinstimmen oder doch in eine positive Beziehung gesetzt werden können – oder aber abzulehnen sind.

Drittens schließlich kann Religionskritik von einem dezidiert antireligiösen Standpunkt aus betrieben werden und sich zum Ziel setzen, die Haltlosigkeit oder gar Schädlichkeit von Religion für Individuen wie für Gemeinschaften oder die Gesellschaft im Ganzen nachzuweisen. Religionskritik dient in diesem Fall erklärtermaßen der Bekämpfung von Religion, sei es, dass eine andere Form der Weltanschauung an ihre Stelle treten soll, sei es, dass man glaubt, ersatzlos auf sie verzichten zu können.

Entsprechend der mehrfachen Bedeutung von Kritik der Religion ist das Verhältnis von christlichem Gottesglauben und Religionskritik einigermaßen komplex. Gleiches gilt für die Verhältnisbestimmung von Christentum und Atheismus. So sei nur daran erinnert, dass der christliche Glaube an den menschgewordenen und gekreuzigten Gott in der Spätantike selbst als eine Form des Atheismus eingestuft werden konnte. Der Atheismusvorwurf taucht auch innerhalb der Theologiegeschichte des Christentums auf und kann sich - wie im Atheismusstreit, den Johann Gottlieb Fichte Ende des 18. Jahrhunderts auslöste – gegen die Kritiker einer personalen Gottesvorstellung richten, der ihrerseits der Vorwurf des Anthropomorphismus gemacht wird. Ob man Spinoza als Gläubigen oder als Atheisten bezeichnen möchte, hängt daher eben ganz davon ab, welcher Gottesbegriff zugrunde gelegt wird.

Der christliche Gottesglaube enthält jedenfalls selbst ein religionskritisches Potential, das sich nicht nur im Neuen Testament, sondern schon im Alten Testament und dem Gottesglauben Israels findet. Das Kreuz Christi korrespondiert dem alttestamentlichen Bilderverbot, weil es alle menschlichen Gottesvorstellungen durchkreuzt. Das Bilderverbot setzt eine Dynamik frei, auch alle christlichen Gottesvorstellungen und Gottesbegriffe der beständigen Kritik zu unterziehen. Nach Johannes Calvin ist das menschliche Herz von

Natur aus eine Götzenfabrik. Und auch Luther urteilt, dass das Wort Gott für alles Mögliche oder Unmögliche stehen kann, woran der Mensch sein Herz hängt.

Die vom Bilderverbot ausgehende religionskritische Dynamik führt zur negativen Theologie, welche betont, dass alle Versuche, von Gott zu reden, ihn selbst letztlich nicht fassen können. Die biblische Rede von Gott erschöpft sich freilich nicht darin, Gottes Unverfügbarkeit einzuschärfen, sondern sie bezeugt, dass Gott zum Menschen und zur Welt als seiner Schöpfung in Beziehung stehen will. Negative Theologie ist zwar ein Moment christlicher Theologie, neben der aber auch die in der biblisch bezeugten Offenbarung Gottes begründete Möglichkeit steht, positiv von Gott zu reden. Das Bilderverbot ist nicht mit einer religiösen Skepsis zu verwechseln, die in das Schweigen über Gott mündet, das ebenso Ausdruck einer letzten Versenkung in Gott wie der Beziehungslosigkeit gegenüber Gott sein könnte. Das Höchste, was nach biblischer Überlieferung von Gott gesagt werden kann, ist doch nicht seine Unerkennbarkeit, sondern seine definitive Zuwendung zum Menschen und zur Welt in Jesus Christus.

Wie komplex das Verhältnis von Gottesglaube und Religionskritik ist, zeigt sich auch in der Auseinandersetzung mit dem sogenannten neuen Atheismus, der im Mittelpunkt dieses Buches steht. Allerdings sollte man besser im Plural von neuen Atheismen sprechen, steht doch neben einem aggressiven Atheismus, der im Gestus der intellektuellen Überlegenheit jede Form von Religion als pathologisches Phänomen und Wahnwelt abtut, ein nachdenklicher Atheismus mit Trauerflor, dessen Religionskritik schon darum nicht von der christlichen Theologie ignoriert werden darf, weil er aus einer in die Tiefe gehenden Auseinandersetzung mit der Botschaft vom gekreuzigten Gott entspringt und die Anstößigkeit dieses Glaubens in einer Weise präsent hält, die Theologie und Kirche zu kritischer Selbstbesinnung herausfordert.

Gottes Strittigsein ist ja keineswegs nur ein Ausdruck des Unglaubens, sondern eine Erfahrung des Glaubens. Eine Theologie, in deren Zentrum die Botschaft vom gekreuzigten Gott steht, repräsentiert eine Form des »schwachen Denkens« (Gianni Vattimo), in dessen Schwäche im besten Fall die Kraft des Gekreuzigten und Auferstandenen mächtig ist.

Ausgangspunkt unserer Analysen zum Verhältnis von christlichem Gottesglauben und Religionskritik ist im *ersten Kapitel* eine kritische Durchsicht der unterschiedlichen Spielarten eines neuen Atheismus. Theologisch von besonderem Interesse sind Formen einer religiösen Skepsis oder einer Agnostik, die ihrerseits Kritik an einem allzu oberflächlichen Atheismus üben. Als Vertreter einer agnostischen Position, die im Gespräch mit der christlichen Theologie bleibt, kommt im *zweiten Kapitel* der Schriftsteller Martin Walser zu Wort, der auf erfrischende Weise die Theologie des frühen Karl Barth in Erinnerung ruft. Das *dritte Kapitel* diskutiert, was unter religiöser Religionskritik zu verstehen ist. Hier kommt nun die Theologie als institutionalisierte Form religiöser Religionskritik in den Blick, welche das religionskritische Potential des christlichen Gottesglaubens in den Gegenwartsdiskursen zur Sprache zu bringen hat. Der neue Atheismus propagiert ein naturalistisches Weltbild auf der Grundlage der heute anerkannten Evolutionstheorie. Seine Religionskritik stützt sich außerdem auf die Ergebnisse der Hirnforschung. Das *vierte Kapitel* befasst sich mit den neurowissenschaftlichen Herausforderungen für die Theologie. Wieweit diese von den Ergebnissen der Neurowissenschaften berührt oder in Frage gestellt wird, hängt, wie wir sehen werden, allerdings sehr davon ab, wie der Forschungsgegenstand und die Methoden der Theologie definiert werden. Den Abschluss unserer Analysen bildet das *fünfte Kapitel,* das sich mit der Toleranz und Intoleranz von Religionen auseinandersetzt und aus einer christlich-theologischen Perspektive nach der Begründung wie den Grenzen von Toleranz fragt. Im Zentrum steht der Gedanke der Toleranz Gottes, der sich bei Martin Luther findet. Das Thema der Religionskritik ist auch in diesem Kapitel präsent, und das in mehrfacher Hinsicht. Zum einen bedeutet Toleranz das Annehmen oder Ertragen eines Standpunktes, den man selbst eigentlich für unannehmbar hält. Toleranz setzt also immer Kritik und Widerspruch voraus. So ist auch eine religiös motivierte Toleranz nicht ohne das Moment religiöser Religionskritik denkbar. Zum anderen können die toleranzfördernden Impulse reformatorischer Theologie, die sich bei Luther finden, nur dann überzeugend in gegenwärtige Diskurse eingebracht werden, wenn man auch die vorhandenen Tendenzen der Intoleranz in der Geschichte der Reformation und in der Theologie der Reformatoren einer eingehenden Kritik unterzieht. Ein evangelisches, nämlich ein im Evangelium von Jesus Christus gründendes Verständnis von Toleranz ist immer auch Grund und Maßstab theologischer Selbstkritik.

1   Neuer Atheismus

1.1 Die Kirche der Atheisten

Der »neue Atheismus«, von dem man seit einiger Zeit spricht, ist eine Reaktion auf den 11. September 2001. An dem Tag, als islamistische Attentäter zwei Passagierflugzeuge in die Zwillingstürme des World Trade Center in New York rammten und damit der westlichen Welt den Kampf ansagten, zeigte die Wiederkehr der Religion ihre hässliche Seite. Bei oberflächlicher Betrachtung ließ sich der Eindruck gewinnen, als sollte Samuel Huntington mit seiner Warnung vor einem Zusammenprall der Kulturen, die nach seiner Auffassung in starkem Maße religiös imprägniert sind, recht behalten.[1] Der *clash of civilizations,* so seine Behauptung, laufe auf einen Kampf der Religionen hinaus.

Nun sind die Thesen Huntigtons mit guten Gründen als unterkomplex kritisiert worden. Nicht bestreiten lässt sich aber ein Wiedererstarken von Religion und Religionen im öffentlichen Raum, das nach dem Ende des Ost-West-Konflikts und dem Niedergang des Marxismus-Leninismus eingetreten ist. Befreiungsbewegungen, auch in der arabischen Welt, die sich in den Jahrzehnten nach 1945 eine marxistische Ideologie zugelegt haben, haben nach 1989 dramatisch an Bedeutung verloren. Dafür treten nun Religionen wie der Islam

---

[1]   Vgl. Samuel Huntington, Kampf der Kulturen. Die Neugestaltung der Weltpolitik im 21. Jahrhundert, München/Wien ⁹1998.

als neue politische Ideologien auf. Die Retheologisierung der Politik hat aber auch in der vom Christentum geprägten westlichen Welt stattgefunden. Man denke vor allem an die religiöse Rechte in den USA, deren Gedankenwelt sich aus einem evangelikalen Fundamentalismus speist. Und auch in Israel haben religiöse Kräfte, ultraorthodoxe Gruppierungen, starken Einfluss auf die Politik gewonnen, etwa unter den Siedlern im Westjordanland. Während der moderne Zionismus, der bei der Staatengründung Israels eine treibende Kraft war, eine säkulare politische Bewegung war, gibt es heute einen religiös motivierten Zionismus mit messianischen Zügen.

Die vieldiskutierte Wiederkehr der Religion – wenn sie denn je verschwunden war – ist ein ambivalentes Phänomen.[2] Auf der einen Seite steht der Begriff für eine neue Sinnsuche und ein Unbehagen am Transzendenzverlust in einer von ökonomischen Sachzwängen beherrschten Welt. Statt von Religion, mit der man heutzutage rasch Gewalttätigkeit, Intoleranz, institutionellen Zwang und Bevormundung assoziiert, spricht man lieber von Spiritualität, wenn man die freundlichen und lebensdienlichen Seiten der Religion herausstreichen möchte. Spiritualität steht für eine Form der religiösen Sinnsuche, auf deren Weg man sich auch ohne Zugehörigkeit zu einer Kirche oder Religionsgemeinschaft mit ihren Glaubenslehre und Riten machen kann. Moderne Spiritualität trägt nicht selten Züge eines auf das Individuum zugeschnittenen Synkretismus, verbunden mit einer institutio-

---

[2]   Vgl. dazu ausführlich ULRICH H. J. KÖRTNER, Wiederkehr der Religion? Das Christentum zwischen neuer Spiritualität und Gottvergessenheit, Gütersloh 2006.

nenkritischen Haltung, die sich durch Skandale wie sexuellen Missbrauch in kirchlichen Einrichtungen vollauf bestätigt sieht.

Wenn dagegen heute von Religion gesprochen wird, stellen sich sogleich Bilder von islamistischen Selbstmordattentätern, von bewaffneten orthodoxen jüdischen Siedlern oder von militanten christlichen Abtreibungsgegnern ein. Religion wird besonders in ihren fundamentalistischen Ausprägungen wahrgenommen. Christlich-charismatische Bewegungen sind hier ebenso dazuzurechnen wie restaurative Gruppierungen in der römisch-katholischen Kirche. Auch die Rolle orthodoxer Kirchen im heutigen Russland und in Südosteuropa, die Melange zwischen Orthodoxie und Nationalismus und die kritische Haltung der Russischen Orthodoxen Kirche zu den modernen Menschenrechten müssen in diesem Zusammenhang betrachtet werden. Der französische Soziologe und Politikwissenschaftler Gilles Kepel hat die im Einzelnen sehr unterschiedlichen, strukturell jedoch auch verwandten Strömungen in Christentum, Islam und Judentum unter dem Begriff der »Rache Gottes« analysiert.[3] Zwar unterscheiden sich die religiösen Bewegungen in ihrer Einstellung gegenüber der modernen Demokratie, doch ist ihnen das Bemühen um eine Repolitisierung der Religion, besser gesagt eine Retheologisierung der Politik, gemeinsam.

Auf diese Entwicklung reagiert, wie gesagt, der »neue Atheismus«. Die Bezeichnung tauchte wohl 2006 zum ersten

---

3 Vgl. GILLES KEPEL, Die Rache Gottes. Radikale Moslems, Christen und Juden auf dem Vormarsch, München ²2001. Siehe außerdem MARTIN RIESEBRODT, Die Rückkehr der Religion. Fundamentalismus und der »Kampf der Kulturen«, München ²2001. Beide Autoren üben Kritik an den Thesen Huntingtons (s. o. Anm. 1).

Mal in einem Artikel von Gary Wolf auf, der sie auf Richard Dawkins, Sam Harris und Daniel Dennett als Oberhäupter einer neuen »Kirche der Nichtgläubigen« (church of non-believers) münzte.[4] Zu den Genannten wird heute auch Christopher Hitchens gezählt. Man hat ihnen auch den Beinamen »the four horsemen« beigelegt – der auf die vier apokalyptischen Reiter in der Johannesoffenbarung anspielt. Interessanterweise sind es nicht nur die Gegner der neuen Atheisten, die ihr Auftreten in apokalyptisch aufgeladenem Ton kommentieren, sondern diese selbst können ihren Kampf gegen alle Religion mit geradezu religiöser Inbrunst vorantreiben. So bedient sich beispielsweise Sam Harris in seiner Streitschrift »Das Ende des Glaubens«[5] immer wieder militärischer und apokalyptischer Bilder:[6] Das Licht der Vernunft streitet, wie es im Untertitel dies Buches heißt, gegen die Finsternis von Religion und Terror.

Die weltanschauliche Grundlage des neuen Atheismus ist eine materialistische Weltsicht, heute auch gern als Naturalismus bezeichnet. Nun gibt es unabhängig vom neuen Atheismus unterschiedliche Spielarten eines naturalistischen Denkens. Im Fall des neuen Atheismus handelt es sich aber um eine Form der Weltanschauung, die zwar beansprucht, wissenschaftlich fundiert zu sein, in ihrer Geschlossenheit jedoch nicht mehr falsifizierbar ist. In ihrem Zentrum steht die

---

4 Vgl. GARY WOLF, The Church of the Non-Believers, www.wired.com/wired/archive/14.11/atheism.html (veröffentlicht 2006; zuletzt abgerufen am 8.3.2013).

5 Vgl. SAM HARRIS, Das Ende des Glaubens. Religion, Terror und das Licht der Vernunft, Winterthur 2007. Das englische Original »The End of Faith« erschien 2004.

6 Vgl. dazu GREGOR MARIA HOFF, Die neuen Atheismen. Eine notwendige Provokation, Kevelaer 2009, 73 f.

moderne Evolutionstheorie, die zur umfassenden Supertheorie erklärt wird. Sie soll auch die kulturelle Evolution einschließlich des Entstehens von Religionen erklären und überdies als Basis einer naturalistischen Ethik dienen.

Nun lässt sich ein vergröberter Naturalismus, wie er etwa von Richard Dawkins propagiert wird, wissenschaftstheoretisch und philosophisch leicht kritisieren. Man darf aber nicht übersehen, dass der neue Atheismus auch in dieser Hinsicht als reaktive Bewegung zu verstehen ist, nämlich als durchaus verständliche Reaktion auf den Kreationismus und die Idee des »intelligent design«, welche von amerikanischen Fundamentalisten und ihren Mitstreitern in Europa als angeblich wissenschaftlich gesicherte oder zumindest diskussionswürdige Alternative zur Evolutionstheorie propagiert wird.[7] Die Entstehung der Brights-Bewegung wird vor dem Hintergrund von Gruppierungen und finanzstarken Institutionen verständlich, die den Kreationismus als Lehrstoff im Biologieunterricht staatlicher Schulen durchsetzen wollen. Ohne sich den neuen Atheisten in irgendeiner Weise anbiedern zu wollen, kann doch zumindest eine aufgeklärte protestantische Theologie keine Sympathien für den Kreationismus hegen. Letzterem geht es ebenso wie dem evolutionären Naturalismus der neuen Atheisten keineswegs nur um die Lösung naturwissenschaftlicher Fragen, sondern um eine Weltanschauung, die auch zur Begründung ethischer Auffassungen herhalten soll und die Frage nach der Existenz oder Nichtexistenz Gottes irrigerweise auf der Ebene naturwissenschaftlicher Hypothesenbildungen ansiedelt.

---

7 Vgl. dazu ULRICH H. J. KÖRTNER/MARIANNE POPP (Hg.), Schöpfung und Evolution – zwischen Sein und Design. Neuer Streit um die Evolutionstheorie, Wien 2007.

Der neue Atheismus reagiert nicht nur auf das Wiedererstarken von Religion im öffentlichen und politischen Raum, sondern auch auf das Ende des Staatsatheismus in den ehemals kommunistischen Ländern. Die kommunistische Religionspolitik war von der marxistischen Annahme geleitet, dass die Religion ein zu bekämpfender Wahn, eine Ideologie zum Zwecke der Unterdrückung der ausgebeuteten Massen sei. Einerseits bestand die Hoffnung, dass der wissenschaftliche Fortschritt und der Fortgang der Aufklärung zum Absterben der Religion führen würden. Andererseits aber herrschte die Überzeugung, dass die Religion und ihre Agenten, die Kirchen und ihre Vertreter, aktiv bekämpft werden müssten. Nach dem Ende der meisten kommunistischen Regime – China und Nordkorea bilden eine Ausnahme – sehen die neuen Atheisten es als ihre Aufgabe an, den Kampf wieder aufzunehmen und mit anderen Mitteln fortzuführen.

Typisch für die neuen Atheisten sind ihre Versuche, sich wie eine Religionsgemeinschaft zu organisieren. So ist die Bewegung der »Brights« entstanden, ein internationaler Zusammenschluss von Personen, die im Sinne des neuen Atheismus ein naturalistisches Weltbild vertreten. Die Selbstbezeichnung »Brights« – »helle Köpfe« – wurde 2003 auf einer Konferenz der »Atheist Alliance International« zur Diskussion gestellt. Wolfs Essay »Die Kirche der Atheisten« spielt eben darauf an, dass sich der neue Atheismus selbst religionsförmig organisiert und ähnlich wie eine Religionsgemeinschaft auftritt.[8] Wolf rechnet sich selbst zu den »laxen Agnostikern«, den ungebundenen Nichtglaubenden oder auch den vagen Deisten. Die Heilige Stadt der neuen Kirche der Atheisten, ihr

---

[8]   Vgl. Wolf, Church.

neues Jerusalem, sei Oxford, wo der Biologe Richard Dawkins an der Universität bis 2008 einen Lehrstuhl innehatte.

In Österreich haben sich einige Aktivisten zur »Atheistischen Religionsgesellschaft in Österreich« zusammengeschlossen, die um Mitglieder wirbt und den Status einer gesetzlich anerkannten Religionsgemeinschaft anstrebt.[9] Auch wenn es paradox klingen mag, nimmt die Vereinigung laut ihren Statuten für sich explizit in Anspruch, eine religiöse Bekenntnisgemeinschaft zu sein.[10] Atheismus als religiöses Bekenntnis: auf diese Weise will man gegen die Privilegien der staatlich anerkannten Religionsgemeinschaften zu Felde ziehen. Statt jedoch, wie es bei anderen Initiativen der Fall ist, die Abschaffung gesetzlicher Privilegien für Kirchen und andere Religionsgemeinschaften zu fordern,[11] geht man nun den umgekehrten Weg, um auf diese Weise den Atheismus religionsförmig aufzuwerten.

---

[9] Informationen im Internet unter http://arg.wp.bernhard_reiter.public2.linz.at/ (zuletzt abgerufen am 8.3.2013).

[10] Die Statuten sind im Internet abrufbar unter http://arg.wp.bernhard_reiter.public2.linz.at/wp-content/sites/4/Statuten.18.11.2011.pdf (zuletzt abgerufen am 8.3.2013).

[11] Verwiesen sei auf die österreichische Initiative gegen Kirchenprivilegien, deren Sprecher, Nico Alm, gleichzeitig Sprecher der Giordano-Bruno-Stiftung in Österreich ist. Nähere Informationen unter www.kirchen-privilegien.at/ (zuletzt abgerufen am 8.3.2013). Es gibt freilich zwischen dieser Initiative und der atheistischen Religionsgemeinschaft personelle Überschneidungen.

1.2 Infragestellung der Religionsfreiheit

Was die neuen Atheisten vom Schlage der vier »horsemen« von
den alten Atheisten unterscheidet, ist, wie Wolf richtig her-
ausstellt, dass sie nicht nur den Glauben an Gott für falsch
und schädlich halten, sondern auch jeden Respekt für Religion und Gottesglauben ablehnen. Ihre Schriften und Kam-
pagnen nehmen daher ganz bewusst keine Rücksicht auf religiöse Gefühle und setzen ihre Verletzung als gezieltes Mittel des Kampfes um Aufmerksamkeit ein.

In Deutschland spielt die Giordano-Bruno-Stiftung bei
der Verbreitung atheistischen und naturalistischen Gedan-
kengutes eine führende Rolle. Der Stiftung und ihrem wissenschaftlichen Beirat gehören freilich auch Persönlichkeiten
aus Wissenschaft, Politik und Gesellschaft an, die keine aggressiv religionsfeindliche Haltung einnehmen. Anders dagegen der Vorstandssprecher der Stiftung, Michael Schmidt
Salomon, der nicht nur für das »Manifest des evolutionären
Humanismus« verantwortlich zeichnet, das im Auftrag der
Giordano-Bruno-Stiftung für eine neue Leitkultur auf der Basis einer naturalistischen Weltanschauung wirbt, sondern
auch gemeinsam mit dem Illustrator Helge Nyncke ein atheistischen Kinderbuch mit dem Titel »Wo bitte geht's zu Gott?
fragte das kleine Ferkel« verfasst hat; laut Untertitel »ein Buch
für alle, die sich nichts vormachen lassen«.[12] Dass in diesem
Buch ein jüdischer Rabbi nach Art des »Stürmers« karikiert
wird, also unverhohlen antisemitische Klischees bedient werden, passt ebenso ins Bild wie antisemitische Untertöne in

---

[12] Vgl. Michael Schmidt Salomon/Helge Nyncke, Wo bitte geht's zu Gott?
fragte das kleine Ferkel. Ein Buch für alle, die sich nichts vormachen lassen,
Aschaffenburg 2007.

Richard Dawkins Polemik gegen gesetzliche Ausnahmere-
gelungen für das Schächten nach jüdischer oder islamischer
Sitte in seinem Buch »Der Gotteswahn«.[13]

Mit seiner Parole »Kein Respekt für Religion« stellt der
neue, kämpferische Atheismus letztlich das elementare Menschenrecht auf Gedanken-, Gewissens- und Religionsfreiheit
in Frage. Das Recht auf Gedanken-, Gewissens- und Religionsfreiheit, wie es in der Allgemeinen Erklärung der Menschenrechte (Art. 18), der Europäischen Menschenrechtskon-
vention (Art. 9) und in der Europäischen Grundrechtecharta
(Art. 10) formuliert ist, fordert vom Staat allerdings nicht, eine
Religion als solche um ihrer selbst willen anzuerkennen. Es
nimmt den Staat jedoch in die Pflicht, das Recht des Menschen auf Religion um seiner selbst willen anzuerkennen.
Dieses Recht schließt das Recht ein, die eigene Religion oder
weltanschauliche Überzeugung nicht nur privat, sondern
auch öffentlich zu bekunden, allein oder in Gemeinschaft mit
anderen, und zwar durch Lehre und religiöse Praxis, durch
Gottesdienste oder den Vollzug von Riten. Dabei steht es dem
Staat nicht zu, über die Wahrheit oder Vernunftgemäßheit
einer bestimmten Religion oder Weltanschauung zu urteilen.
Wie der Internationale Pakt über bürgerliche und politische
Rechte stellt auch die Europäische Menschenrechtskonven-
tion ausdrücklich fest, dass die Religions- und Bekenntnis-
freiheit nicht Gegenstand anderer als vom Gesetz vorgesehe-
ner Beschränkungen sein darf, »die in einer demokratischen
Gesellschaft notwendige Maßnahmen im Interesse der öffentlichen Sicherheit, der öffentlichen Ordnung, Gesundheit

---

13 Vgl. RICHARD DAWKINS, Der Gotteswahn, Taschenbuchausgabe, Berlin 2008,
414 f.

und Moral oder für den Schutz der Rechte und Freiheiten anderer sind«[14].

Das Menschenrecht auf Religionsfreiheit bedeutet keineswegs, dass im weltanschaulich neutralen Staat alle religiösen oder religiös begründeten Aktivitäten zu akzeptieren sind. Die Aufforderung zum Mord, beispielsweise, verstößt gegen das geltende Strafrecht, gleich ob sie sich auf kriminelle, politische oder religiöse Motive stützt. Die Religionsgemeinschaften müssen ihrerseits die verfassungsrechtlichen Grundlagen achten, auf deren Basis die Religionsfreiheit geschützt wird. Andernfalls drohen religiöse Geltungsansprüche in Unterdrückung und Gewalt umzuschlagen. Von den Religionsgemeinschaften ist daher zu verlangen, dass sie sich ihrerseits als pluralismusfähig erweisen. Dazu gehört ganz wesentlich die Anerkennung der Religionsfreiheit sowie des weltanschaulich neutralen Rechtsstaats durch die Religionen selbst. Die Debatte um Religion im öffentlichen Raum und die Auseinandersetzung mit dem neuen Atheismus kreisen nicht nur um die Frage, ob und wieviel (Zivil-)Religion der moderne demokratische und weltanschaulich plurale Rechtsstaat für seinen Fortbestand braucht, weil sie eine wichtige Sinnressource seiner Mitglieder ist, sondern genauso um die Frage, wieviel Religion die moderne Gesellschaft und der säkulare Staat vertragen.[15] Der neue Atheismus ist in dieser Hinsicht jedoch unterkomplex und in seinen Konsequenzen freiheitsgefährdend.

---

[14] Art. 9 (2) EMRK, vgl. Art. 18 (3) des Internationalen Paktes über bürgerliche und politische Menschenrechte.

[15] Vgl. Rolf Schieder, Wieviel Religion verträgt Deutschland?, Frankfurt a. M. 2001.

1.3 NATURALISTISCHE ERKLÄRUNGSMUSTER

Fragt man nach dem Gewicht der Sachargumente der genannten neuen Atheisten, zu denen noch weitere Autoren in den USA, Großbritannien und Kontinentaleuropa gerechnet werden, kann man allerdings fragen, was an ihrem Atheismus eigentlich so neu sein soll. Tatsächlich hat der neuzeitliche Atheismus seit der Aufklärung Argumente gegen den Gottesglauben entwickelt, die nicht selten weit mehr in die Tiefe als die zeitgenössischen Angriffe gegen den Theismus gehen. Erstaunlicherweise gehen die neuen Atheisten auf ihre Vorgänger meist gar nicht gründlich ein und ignorieren weithin die Auseinandersetzung, welche in der christlichen Theologie seit dem 19. Jahrhundert mit dem Atheismus geführt worden ist.[16]

Nimmt man zum Beispiel Dawkins' These, man könne auch ohne Religion ein moralisch guter Mensch sein, und zur Begründung von Moral bedürfe es keiner Religion, so hat diese durchaus in der neueren Theologie – zumindest im Protestantismus – ihre Entsprechung. Schon Friedrich Schleiermacher hat die Ansicht verworfen, Religion in ihrem Kern auf Moral zu reduzieren. Weder bedarf Moral einer religiösen Letztbegründung noch ist Religion ein Epiphänomen der Moral. Schleiermacher rechnete es zu jenen »gemeinen Mitteln«, die Legitimität der Religion durch die Vorstellung zu rechtfertigen, »wie notwendig sie sei, um Recht und Ordnung in der Welt zu erhalten«[17]. Er spricht sogar vom »schneiden-

---

[16] Vgl. dazu MICHAEL WEINRICH, Religion und Religionskritik. Ein Arbeitsbuch (UTB 3453), Göttingen ²2012.

[17] FRIEDRICH SCHLEIERMACHER, Über die Religion. Reden an die Gebildeten unter ihren Verächtern (1799), hg. v. G. Meckenstock, Berlin/New York 1998, 70.

den Gegensatz«[18], in welchem die Religion gegen Moral und Metaphysik stehe, sei ihr Wesen doch weder Denken noch Handeln, sondern Anschauung und Gefühl. Zwar hat auch die Religion, die es nicht mit allem, aber mit dem Ganzen zu tun hat, ein bestimmtes Verhältnis zur Moral. Moral aber zu ihrem Kern zu erklären, verkennt das Wesen von Religion.

Dawkins rennt darum zumindest bei der zeitgenössischen protestantischen Theologie offene Türen ein, und zwar gerade bei Theologen, die sich durch Dietrich Bonhoeffer haben belehren lassen, den Dawkins durchaus schätzt.[19] Auch Dawkins' Kritik am christlichen Fundamentalismus und seines Bibelgebrauchs in ethischen Fragen sowie an der Idee des »Intelligent Designs« ist berechtigt. Höchst zweifelhaft sind allerdings seine evolutionstheoretischen Annahmen zu den Wurzeln der Religion einerseits und zu den Wurzeln der Moral andererseits. Überhaupt ist es problematisch, wenn Dawkins generalisierend von der Religion spricht, obwohl er doch im Wesentlichen das Christentum meint, auch wenn er immer wieder Urteile über das Judentum und den Islam abgibt. Eine rein biologische Herleitung der Religion aus den Prinzipien von Mutation und Selektion ist schon religionstheoretisch unterkomplex. Davon abgesehen, entpuppt sich der Anspruch, »*letztgültige* darwinistische Erklärungen«[20] zu bieten, als eine Variante schlechter Metaphysik. Letztbegründungstheorien sind entweder aporetisch oder ideologisch. Letzteres ist bei Dawkins der Fall.

Die Behauptung der Existenz Gottes versteht er als eine empirisch gemeinte Hypothese, die nach den üblichen natur-

---

[18] A. a. O., 79.

[19] Zu Bonhoeffer vgl. DAWKINS, Gotteswahn, 174.176 f.

[20] A. a. O., 234.

wissenschaftlichen Methoden verifizierbar oder falsifizierbar sei. Gottes Existenz ist für Dawkins also keine Frage existentieller Gewissheit, sondern der wissenschaftlichen Wahrscheinlichkeit, die nach seiner Überzeugung freilich gegen Null konvergiert. Zur Begründung stützt er sich unter anderem auf die Argumentation des englischen Philosophen John L. Mackie und dessen Prinzip der Sparsamkeit.[21] Wie schon Laplace gezeigt habe, komme man für das Verständnis unserer Welt ohne die Hypothese der Existenz Gottes aus. Es gebe darum keinen einleuchtenden Grund, an dieser Hypothese weiter festzuhalten.[22]

Wie Dawkins steht auch Mackie in der Tradition des empiristischen Naturalismus. Sein Axiom der Sparsamkeit gehört in den Kontext neuzeitlicher Metaphysikkritik. Die Argumentation beruht freilich auf der Prämisse, dass die empirisch zugängliche Wirklichkeit die einzige ist, die es »gibt«. Nur was es in diesem Sinne »gibt«, ist wirklich. Diese These behauptet, erkenntnistheoretisch betrachtet, allerdings mehr, als sich empirisch verifizieren lässt. Der evangelische Theologe und Religionsphilosoph Dietz Lange wendet berechtigterweise ein:

> »Hätte Mackie lediglich behauptet, die Erfahrungswirklichkeit sei die einzige, in der wir Feststellungen treffen können, so wäre das ein empirischer Satz. Er wäre freilich auch tautologisch. Die Erklärung der Erfahrungswirklichkeit zur einzigen Wirklichkeit überhaupt ist jedoch keine empirische, sondern eine metaphysische Aussage. [...] Der metaphysischen Behauptung, die Erfahrungswirklichkeit gründe in einem mit ihr nicht identischen Seinsgrund, steht die entgegenge-

---

[21] Vgl. DAWKINS, Gotteswahn, 116.

[22] JOHN L. MACKIE, Das Wunder des Theismus. Argumente für und gegen die Existenz Gottes, Stuttgart 1985.

setzte, ebenso metaphysische Behauptung gegenüber, dass sie ihren Grund in sich selbst habe. Das Sparsamkeitsaxiom begünstigt somit weder die eine noch die andere Seite.«[23]

Metaphysisch ist auch die Idee der Erstursache oder *prima causa*, die noch immer in Theorien zur physikalischen Kosmologie zu finden ist und auch von Dawkins' Versuch, die Existenz Gottes zu widerlegen, in Anspruch genommen wird. Dawkins suggeriert, es gehe um konkurrierende Annahmen, was denn die Erstursache des Universums sei,[24] wobei er gelegentlich in quasireligiöser Diktion von der »unsichtbaren Hand der natürlichen Selektion«[25] sprechen kann. Nun entspricht die aristotelische Annahme, dass alles in der Welt eine Ursache haben muss, durchaus unserer Alltagserfahrung. Sie repräsentiert jedoch nicht den letzten Stand moderner physikalischer Theoriebildung. Die Entwicklung der Naturwissenschaften zeigt, dass es zwar nicht unmöglich ist, eine Mechanik auf der Annahme aufzubauen, dass die Ruhe der physikalische Normalzustand ist, »dass es aber sehr viel geschickter ist, es nicht zu tun«[26]. Wird Bewegung als Normalzustand aufgefasst, wie es in der Allgemeinen Relativitätstheorie der Fall ist, dann stellt sich die Frage nach einer Erstursache oder einem absoluten Anfang von Allem gar nicht mehr. Das hat erhebliche Konsequenzen für das interdisziplinäre Gespräch zwischen Theologie und Naturwissenschaften:

---

[23] DIETZ LANGE, Glaubenslehre I, Tübingen 2001, 194 f.

[24] Vgl. DAWKINS, Gotteswahn, 218.

[25] A. a. O., 277.

[26] JÜRGEN AUDRETSCH, Der Blick auf das Ganze: Überlegungen eines Physikers zur theologischen Dimension der physikalischen Kosmologie, in: HELMUT A. MÜLLER (Hg.), Kosmologie. Fragen nach Evolution und Eschatologie der Welt, Göttingen 2004, 176–196, 193.

> »Von der physikalischen Kosmologie geht keine theologische Bot-
> schaft aus. [...] Mehr noch, Kosmologie ist als Erzählung nicht taug-
> lich, um Metaphern oder Bilder der Schöpfung aus ihr zu entnehmen.
> Die Gleichnisfähigkeit der Kosmologie ist gering.«[27]

Der religiösen Überzeugung von der Einmaligkeit des von
Gott erschaffenen Kosmos hält Dawkins die Hypothese der
Multiversen entgegen.[28] Durch Fluktuationen eines Quan-
tenvakuums sollen nach dieser Theorie laufend »Keime« für
Universen mit unterschiedlichen Anfangsdaten entstehen.
Die Wahrscheinlichkeit für eine Fluktuation, die so fein abge-
stimmt ist, dass Leben entstehen kann, ist zwar äußerst gering, doch wegen der unbegrenzten Zahl an Versuchen nicht
unwahrscheinlich. Mit dieser Hypothese wird freilich die
Leistungsfähigkeit der darwinschen oder auch der modernen
Synthetischen Evolutionstheorie deutlich überstrapaziert.
Eine wichtige Voraussetzung für eine Theorie der Multiversen wäre eine Quantentheorie der Gravitation. Wie der Phy-
siker Peter C. Aichelburg darlegt, gibt es jedoch bis heute
keine konsistente, geschweige denn durch Beobachtungen
gestützte Quantentheorie der Gravitation.[29] Liegt schon der
sogenannte Urknall als physikalische Singularität außerhalb
der Beschreibung der Allgemeinen Relativitätstheorie, lautet
ein weiteres Problem, wie die gesuchte Quantentheorie der
Gravitation auf den gesamten Kosmos angewendet werden
soll. Im Übrigen widerspricht es dem doch sonst von Dawkins
so sehr geschätzten Sparsamkeitsaxiom, die Existenz unend-
lich vieler Welten anzunehmen, die sich nicht beobachten

---

[27] A. a. O.,194.
[28] DAWKINS, Gotteswahn, 204 ff.
[29] PETER C. AICHELBURG, Design im Kosmos?, in: Körtner/Popp (Hg.), Schöpfung und Evolution, 113–123, 122.

lassen, nur um die Existenz des einen Kosmos zu erklären, den wir beobachten können, weil wir in ihm existieren. Davon abgesehen ist die Bedeutung von Wahrscheinlichkeitsaussagen über den gesamten Kosmos überhaupt physikalisch unklar. Die Argumente für ein naturalistisches Weltbild sind also keineswegs so geschlossen und vollständig, wie gern behauptet wird.[30]

Dawkins' Mutmaßungen über die entwicklungsgeschichtliche Entstehung der Religion sind ein Sammelsurium an Hypothesen, bei denen von vornherein feststeht, dass es sich bei jeder denkbaren Form von Religion prinzipiell nur um ein pathologisches Phänomen handeln kann. Entsprechend bedient sich Dawkins der Sprache der Virologie, wobei sich seine Erklärungsvorschläge auf seine umstrittene Theorie der Meme stützen, die in Analogie zu seiner nicht minder fragwürdigen Theorie des egoistischen Gens die kleinsten Bausteine der kulturellen Evolution sein sollen.

Der weltanschauliche Naturalismus krankt daran, dass er mit einem Begriff von Natur operieren muss, der doch nicht aus dieser selbst hergeleitet werden kann, sondern immer schon als ein sprachliches Zeichen vorauszusetzen ist, welches Sinnbezüge kommuniziert, die über das mit »Natur« bezeichnete hinausweisen.

---

[30] Vgl. auch Armin Kreiner, Das wahre Antlitz Gottes – oder was wir meinen, wenn wir Gott sagen, Freiburg/Basel/Wien 2006, 304; Hoff, Atheismen, 70f.

1.4 NATURALISTISCHE ETHIK UND RELIGIONSKRITIK

Zu den Kernthemen jeder Religionskritik gehört die Frage nach dem Verhältnis von Religion und Moral. Das gilt freilich nicht nur für eine atheistische, sondern auch für eine theologische Kritik der Religion, was freilich von einem Verfechter des neuen Atheismus wie Richard Dawkins prominent ignoriert wird.

Wenn Biologen wie Dawkins nach biologischen Wurzeln der menschlichen Moral fragen, die denen der Religion vorausliegen sollen, ist das an sich eine legitime wissenschaftliche Fragestellung. Zur verzweigten Diskussion über eine evolutionäre Ethik findet man bei Dawkins allerdings nichts Neues. Semantischer Unfug ist die Rede vom »darwinistischen Ursprung«[31] oder von »unserer darwinistischen Vergangenheit«[32]. Für Dawkins besteht die Alternative zwischen einer »absoluten Moral«, die stets mehr oder weniger offen religiös fundiert sei, und einer relativen, die den Gesetzen der Evolution folgt. Heraus kommt bei dieser schlichten Gegenüberstellung ein populärwissenschaftlicher, aber theoretisch kaum reflektierter Utilitarismus, dessen Begründungsprobleme Dawkins nicht weiter diskutiert. Entsprechend dürftig gerät auch Dawkins' Kant-Interpretation.[33]

Nach den biologischen Bedingungen menschlichen Verhaltens, der Entwicklung von Brauchtum und Sitte zu fragen, ist zwar für jede Ethik durchaus lehrreich. Jedoch läßt sich von einem biologischen Begriff der Natur, des Lebens oder der

---

[31] DAWKINS, Gotteswahn, 296.

[32] A. a. O., 296, 309 u. ö.

[33] Vgl. a. a. O., 322 f.

Evolution aus keine Ethik begründen.[34] Konzepte einer sogenannten evolutionären Ethik begehen grundsätzlich den Fehlschluss, von einem Sein auf ein Sollen zu schließen. Tatsächlich ist es aber unmöglich, aus deskriptiven Naturgesetzen moralisch präskriptive Folgerungen zu ziehen. Die Bezeichnung »evolutionäre Ethik« ist daher irreführend.

Dieser generelle Einwand richtet sich auch gegen die utilitaristischen Moralvorstellungen, die Dawkins vertritt. Er unterstellt zunächst einmal, dass es in der Menschheitsgeschichte einen moralischen Fortschritt gibt. »Wir sind fast alle seit der biblischen Zeit weitergekommen, und zwar ein ganzes Stück.«[35] Das ist ein normatives Werturteil, dessen Kriterien sich jedoch nicht biologisch definieren lassen. Zwar versucht Dawkins den Wandel des ethischen Zeitgeistes evolutionstheoretisch zu erklären. Seine nicht weiter begründete Vermutung lautet, »dass sich die Memhäufigkeiten im Mempool verändern«[36]. Aber abgesehen von den generellen Fragwürdigkeiten seiner Memtheorie lässt sich aus einer bloßen Beschreibung geschichtlicher Entwicklungen kein normatives Werturteil ableiten, es sei denn, man wollte der Normativität des Faktischen das Wort reden. Das liefe allerdings auf einen naturalistischen Fehlschluss hinaus. Alle Ethik basiert auf dem Unterschied zwischen Faktizität und Geltung. Deshalb liefert Dawkins auf der Begründungsebene kein hinreichendes Argument, wenn er im Fall eines Schwangerschafts-

---

34 Vgl. Wilhelm Vossenkuhl, Die Unableitbarkeit der Moral aus der Evolution, in: Peter Koslowski/Philipp Kreuzer/Reinhard Löw (Hg.), Die Verführung durch das Machbare. Ethische Konflikte in der modernen Medizin und Biologie, Stuttgart 1983, 141–154.

35 Dawkins, Gotteswahn, 367.

36 A. a. O., 375.

konflikts das im Unterschied zu demjenigen des Embryos
»gut entwickelte[ ]Nervensystem« einer Mutter zur moralischen Instanz erklärt.[37]

Unseriös ist auch die polemische, bisweilen mit beißen-
dem Spott vorgetragene Behauptung, alle Religion sei grundsätzlich fanatisch, gewalttätig und zerstörerisch. Nun lassen
sich für diese These zahlreiche Beispiele anführen. Dennoch
muss ihr sowohl religionswissenschaftlich wie theologisch
widersprochen werden. Religion und Glaube können allerdings »in Fanatismus entgleisen; aber Fanatismus dementiert
glaubwürdig humane, verantwortungsbewußte, sich selbst
begrenzende Religiosität. Und ebenso *können* Religions- und
Glaubenskriege fanatisch entarten, Kriege ganz allgemein.
Aber es gibt Gegenbeispiele.«[38]

Zurückzuweisen ist jedenfalls die Behauptung, Gewalt
und Aggression würden erst mit der Religion entstehen. Sie
treten doch auch unabhängig von Religion als anthropologi-
sche Gegebenheit auf. Religion unternimmt gerade den Versuch, Aggression und Gewalt einzudämmen oder zu kanali-
sieren. Ohne Frage kann menschliches Leben im Namen des
Heiligen oder des Absoluten gefährdet oder physisch vernich-
tet werden. Doch darf nicht übersehen werden, dass die Religionen die Heiligkeit und Unantastbarkeit des Menschen-
lebens, seine Würde oder Gottebenbildlichkeit betonen. So
findet sich in allen Religionen das Tötungsverbot, das zwi-
schenmenschliche Gewalt ächtet. Freilich weichen die Religionen in der konkreten Auslegung dieses Gebotes durchaus

---

37 A. a. O., 408.
38 PETER SEIDMANN, Vom inneren Menschen: Konflikt und Versöhnung – zum
    Problem des Fanatismus, in: FRITZ STOLZ (Hg.), Religion zu Krieg und Frie-
    den, Zürich 1986, 165–190, hier 178 f.

voneinander ab. Auch innerhalb einer Religion oder Konfession kann es Auffassungsunterschiede geben, wie sich an den Beispielen der Todesstrafe, des Pazifismus oder des Schwangerschaftsabbruchs zeigen ließe.

Ebenso unseriös wie die pauschale Diffamierung aller Religionen als Inbegriff von Intoleranz und Gewaltbereitschaft ist es, den Atheismus als Garanten einer Haltung der Toleranz und Friedfertigkeit darzustellen. Den Hinweis auf Diktatoren wie Hitler oder Stalin lässt Dawkins als Einwand nicht gelten. »Entscheidung ist nicht, ob Hitler und Stalin Atheisten waren, sondern ob der Atheismus die Menschen systematisch dazu *veranlasst*, schlimme Dinge zu tun. Und dafür gibt es nicht den geringsten Anhaltspunkt.«[39] Tatsächlich war der Atheismus jedoch ein *wesentlicher* Bestandteil des doktrinären Marxismus. Und sehr wohl sind im Namen dieser atheistischen Ideologie Menschen verfolgt und liquidiert, Kriege und Bürgerkriege geführt worden. Dawkins' suggestive Frage: »Warum sollte jemand im Namen eines *nicht vorhandenen* Glaubens in den Krieg ziehen?«[40], leugnet die Realität militanter Ideologien.

Theologisch gesprochen steht jede Religion in der Gefahr, sich selbst absolut zu setzen und Gott oder das Heilige menschlichen Zwecken und Machtinteressen zu unterwerfen. Diese Versuchung stellt ein erhebliches Konfliktpotential dar. Wie die Religionswissenschaft sind auch die Theologien der verschiedenen Religionen und christlichen Konfessionen gefordert, ihren Beitrag zur Deeskalation politischer Konflikte und zur Überwindung von Vorurteilen zu leisten, die das friedliche Zusammenleben in der multikulturellen und

---

39 Dawkins, Gotteswahn, 379.
40 A. a. O., 388.

multireligiösen globalisierten Welt von heute gefährden. Dazu bedarf es nicht nur solider Informationen über die verschiedenen Religionen, sondern auch eines kritischen Umgangs mit dem Phänomen der Religion und deren Ambivalenzen. So gesehen liegt Religionskritik nicht nur im Interesse einer pluralistischen Gesellschaft, sondern auch im wohlverstandenen Interesse der Religionen selbst. Sie setzt freilich nicht nur religions- und kulturwissenschaftliche, sondern auch theologische Kompetenz voraus. Die theologische Auseinandersetzung mit den Zweideutigkeiten von Religion benötigt freilich ihrerseits solide religions- und kulturwissenschaftliche Kenntnisse, die man bei Dawkins und anderen neuen Atheisten vermisst.

1.5 ATHEISMUS MIT TRAUERFLOR

Neben dem aggressiven neuen Atheismus, der sich als ideologische Bewegung formiert und durch Medienkampagnen auf seine Anliegen aufmerksam macht, gibt es freilich einen viel tiefgründigeren, nachdenklichen Atheismus, der in der Tradition Nietzsches steht und von angesehenen Philosophen wie Slavoj Žižek, Giorgio Agamben, Alain Badiou oder in Deutschland von Herbert Schnädelbach vertreten wird. Vielleicht sollte man darum überhaupt besser von neuen Atheismen im Plural sprechen.[41] Der von den genannten Autoren vertretene Atheismus arbeitet sich am Gedanken des Todes Gottes ab, der doch im Christentum selbst seinen Ursprung hat. Es handelt sich um einen Atheismus, der das Christen-

---

[41] Vgl. dazu HOFF, Atheismen, 112 ff.

tum ernst nimmt, statt es auf billige Weise zu verspotten, und
dem bewusst ist, was verloren geht, wenn der Glaube an den
menschgewordenen und gekreuzigten Gott nicht mehr geteilt werden kann. Er fordert die Theologie deshalb so sehr
heraus, weil er gerade daraus entspringt, die Theologie beim
Wort und ernster zu nehmen, als sie gegenwärtig von vielen
Theologen genommen wird.

Seine Vertreter bestehen darauf, dass in der christlichen
Theologie von Gott die Rede sein müsse, nicht etwa nur von
Religion als anthropologischer Konstante eines Transzen-
denzbewusstseins. Ihre Texte sind ein Gegengift gegen die
»Selbstsäkularisierung«[42] von Theologie und Kirche, die sich
in einer Banalisierung christlicher Glaubensgehalte zeigt.
Während die Wortführer der neuen »Kirche der Atheisten«
plakatieren lassen, dass es wahrscheinlich keinen Gott gibt
und dass dies keinen Verlust bedeute, haben jene Atheisten
oder Agnostiker, von denen jetzt die Rede ist, ein scharfes Bewusstsein von dem, was fehlt, wenn Gott nicht existiert oder
sein Tod im Sinne Nietzsches eingetreten ist.

Die Hohlköpfigkeit des neuen Atheismus der Brights beschreibt Martin Walser trefflich in seinem Essay »Über Rechtfertigung. Eine Versuchung«:

> »Neulich im Fernsehen, das gewöhnliche Hin und Her zwischen Geg-
> nern und Befürwortern. Der wortführende Gegner war verzeichnet
> als Publizist und als Atheist. Die Regie holte ihn oft ins Bild, wenn
> einer der Befürworter sprach. Er bot ein andauerndes Schmunzeln.
> Ein unangreifbares, ein allem überlegenes Schmunzeln. Es war deut-

---

42 Wolfgang Huber, Kirche in der Zeitenwende. Gesellschaftlicher Wandel
    und Erneuerung der Kirche, Gütersloh 1998, 10. Das trifft auch auf Kurt
    Flasch zu, der jedoch von sich sagt, »ohne Wehmut, eher vergnügt« vom
    Christentum Abschied genommen zu haben (Kurt Flasch, Warum ich kein
    Christ bin. Bericht und Argumentation, München 2013, 265).

lich, der Befürworter hatte keine Chance. Und die Regie und der Moderator waren ganz auf der Seite dieses unantastbaren Schmunzelns.
Selbstzufriedenheit strahlte der Publizist aus. Wie kann man bloß
noch an Gott glauben! Das strahlte der Publizist und Atheist aus. Und
das darum herumsitzende Publikum zeigte durch Beifall, dass es auch
dieser Meinung war. Der Moderator machte, wenn er zum Befürworter sprach, ein parodistisches Toleranzgesicht. Mir fiel dazu ein: die
Medien sind der Stammtisch der Nation. Zu dem Atheisten fiel mir
ein: Er hat keine Ahnung. Und wenn es Gott hundertmal nicht gibt,
dieser Atheist hat keine Ahnung. Beweisen könnte ich das nicht. Aber
dass es nicht genügt zu sagen, Gott gebe es nicht, ahne ich. Wer sagt,
es gebe Gott nicht, und nicht dazusagen kann, dass Gott fehlt und wie
er fehlt, der hat keine Ahnung.«[43]

An anderer Stelle bekennt der Dichter:

> »Wenn ich von einem Atheisten, und sei es von einem ›bekennenden‹,
> höre, dass es Gott nicht gebe, fällt mir ein: Aber er fehlt. Mir.«[44]

Wiewohl selbst nicht gläubig, unternimmt Walser einen
»Versuch, das Religiöse vor dem Vergessen zu bewahren« und
an eine Sprache zu erinnern, mit der wesentliche Ressourcen
unseres Menschseins verloren gehen. Ähnlich warnt auch
Jürgen Habermas, wiewohl nach eigenem Bekunden religiös
unmusikalisch, vor dem Verlust an Sinnressourcen, der mit
dem Verschwinden der religiösen Sprache einhergehe.[45] So
fänden die Menschenwürde und ihre Unverfügbarkeit im Gedanken der Gottebenbildlichkeit eine Begründung, welche
ohne dieses Sprachspiel brüchig werde.

---

43 MARTIN WALSER, Über Rechtfertigung, eine Versuchung, Reinbek 2012, 33.
44 A. a. O., 81.
45 Vgl. JÜRGEN HABERMAS, Ein Bewußtsein von dem, was fehlt, in: MICHAEL
REDER/JOSEF SCHMIDT (Hg.), Ein Bewußtsein von dem, was fehlt. Eine Diskussion mit Jürgen Habermas, Frankfurt a. M. 2008, 26–36.

Herbert Schnädelbach kann sich mit einer paradox anmutenden Selbstbezeichnung als »frommen Atheisten« beschreiben. Der fromme Atheist will die Religion und das Christentum nicht aggressiv bekämpfen. Er vertritt nicht einen konfessorischen Glauben an die Nichtexistenz Gottes, sondern sagt lediglich, er glaube nicht, dass Gott existiert. »Die Frömmigkeit des frommen Atheisten besteht darin, dass er nicht anders kann als das Verlorene religiös ernst zu nehmen, und darum stört es ihn, wo es in bloße Garnitur unseres profanen Alltags aufgelöst wird.«[46] Er wehrt sich auch dagegen, die Werke religiöser Kunst, z. B. die Passionsmusiken eines Johann Sebastian Bach, nur noch als ästhetisches Phänomen wahrzunehmen und als solche im profanen Kulturbetrieb weiter zu genießen. Dem frommen Atheisten ist der »Ausweg einer vollständigen Ästhetisierung solcher Werke [...] verschlossen, und weil er hier nicht nur seufzen kann ›Wie schön!‹, verzichtet er lieber darauf, sie überhaupt anzuhören«.[47]

Wie sich ein »nachchristlicher Hörer« intensiv auf Musik und Text etwa der Matthäuspassion Bachs einlassen und die theologischen Fragen, die sie dem heutigen Verstehen aufgibt, auf eine Spitze treiben kann, die der Theologie zur echten Herausforderung wird, so dass sie neu begreifen lernt, wie prekär alle Rede von Gott ist, statt Gottes fraglose Gegebenheit zu unterstellen, das lässt sich an Hans Blumenbergs Buch »Matthäuspassion« studieren.[48] Wer dieses Buch liest, dem wird der »Theologenhochmut«[49] vergehen, weil er anhand

---

[46] HERBERT SCHNÄDELBACH, Der fromme Atheist, in: Neue Rundschau 118 (2007), 112–119, 114.

[47] Ebd. Vgl. dazu HOFF, Atheismen, 114 f.

[48] Vgl. HANS BLUMENBERG, Matthäuspassion, Frankfurt a. M. 1988.

[49] A. a. O., 8.

von Blumenbergs Durchgang durch die Matthäuspassion Bachs begreift, wie sehr die Theologie selbst auf dem Spiel steht. Das Nachdenken über Gott in der Moderne kann nicht mehr vom fraglosen Sein Gottes ausgehen, sondern nur von seinem Strittigsein, wie Gerhard Ebeling zutreffend festgestellt hat.[50] Dieses Strittigsein des christlichen Glaubens aber ist nicht ein äußerliches, das etwa nur durch den lautstarken neuen Atheismus an ihn herangetragen würde und mit überlegenen Argumenten zu parieren wäre, sondern es hat seinen beunruhigenden Kern in der biblischen Botschaft selbst, nämlich im Wort vom Kreuz (I Kor 1,18).

»Das Verwunderlichste an der Geschichte der christlichen Theologien«, notiert Blumenberg in seiner »Matthäuspassion«, »ist ihr sprachlicher Kleinmut, das Leiden an der Spracharmut. Sie sprechen immer die Sprache der anderen, zumal der Philosophien«[51] – und das aus der Angst, der Gott, den sich die Theologen zurechtlegen, könnte die Sprache der Bibel möglicherweise nicht ertragen! »Nicht nur in dem Sinne ihre ›Sprache‹, daß darin Wörter vorkommen, die die Philosophen schon dem antiken Mythos übelnahmen und untersagten, vielmehr in dem Sinne, daß das Besprochene und Berichtete die Würde des Begriffs von einem Wesen verletzt, über das hinaus nichts Höheres gedacht werden kann«[52].

Die »Gotteskrise« (Johann Baptist Metz)[53] und damit die Erfahrung, dass Gott fehlt, gehört zu den zentralen Be-

---

[50] Vgl. Gerhard Ebeling, Dogmatik des christlichen Glaubens I, Tübingen ²1982, 169 ff.

[51] Blumenberg, Matthäuspassion, 18.

[52] A. a. O., 19.

[53] Vgl. Johann Baptist Metz, Gotteskrise. Versuch zur »geistigen Situation« der Zeit, in: Diagnosen zur Zeit. Mit Beiträgen von J. B. Metz u. a., Düsseldorf 1994, 76–92.

unruhigungen heutiger Theologie – allen Versuchen der Beschwichtigung und Selbstberuhigung zum Trotz. Wie unter diesen Bedingungen verantwortlich von Gottes lebensfördernder Nähe und Gegenwart gesprochen werden kann, ist die Kernfrage heutiger Theologie. Von Gott reden lässt sich, so meine Überzeugung, nur aufgrund seiner Offenbarung. Ist aber das Kreuz Christi Gottes letztgültige Offenbarung, dann repräsentiert die christliche Gottesrede eine Form des schwachen Denkens,[54] weil sie teilhat an der Ohnmacht und Strittigkeit des gekreuzigten Gottes. Ein Überlegenheitsgestus gegenüber jenem Atheismus, der zuletzt in den Blick genommen wurde, wäre darum völlig unbegründet. Es ist das beiderseitige Bewusstsein von dem, was fehlt, welches das Gespräch der Theologie mit diesem Atheismus lohnend und dringlich macht.

Im folgenden Kapitel soll das Gespräch mit Martin Walser fortgeführt werden. Sein Essay »Über Rechtfertigung«, aus dem eben schon zitiert wurde, ist im besten Sinne eine theologische Provokation.

---

54 Vgl. Gianni Vattimo, Das Ende der Moderne, Stuttgart 1990, bes. 121–139.

2 Über den Fehl Gottes
im Gespräch mit Martin Walser

2.1 WALSERS UNZEITGEMÄßE BETRACHTUNGEN ZUR RECHTFERTIGUNG

Es sind, um mit Nietzsche zu sprechen, unzeitgemäße Betrachtungen, die Martin Walser in seinem Essay »Über Rechtfertigung, eine Versuchung« zur religiösen Lage der Gegenwart anstellt.[55] Der kurze Text klingt wie ein Fanfarenstoß, ganz wie die ersten Takte von Richard Strauß' sinfonischer Nachdichtung von Nietzsches »Also sprach Zarathustra«, aus dem Walser reichlich zitiert.

Sein 2012 erschienenes Büchlein gehört – im Unterschied zu seinem Roman »Muttersohn« (2011) und der darin enthaltenen, 2010 vorab veröffentlichten Novelle »Mein Jenseits« – zu den aufregendsten theologischen Texten, die ich in letzter Zeit gelesen habe. Mit ihm können sich jene Schönredner nicht messen, die uns neue blühende Religionslandschaften versprechen und im Feuilleton die »Verbuntung« der Religion feiern, als erlebten wir gerade die technische Revolution vom Schwarz-Weiß-Fernsehen zum Farbfernsehen.

Nichts gegen jene, die auf religiöser Sinnsuche sind. Doch was wird ihnen heute von der akademischen Theologie, insbesondere von der protestantischen Fakultät geboten? Sind es – frei nach Lukas 11,1–12 – vielleicht nur Steine statt Brot,

---

55 Der vorliegende Beitrag knüpft an meinen Artikel an: »Gott fehlt. Mir. Theologisch aufregend: Martin Walser über die Rechtfertigung«, in: Zeitzeichen 13, 2012, H. 4, 57–58

eine Schlange anstelle eines Fisches und ein Skorpion statt eines Eies? Die harte Frage richtet sich freilich augenblicklich gegen den, der sie stellt, wenn er, wie ich, selbst einen Lehrstuhl innehat. Sollte, wer im Glashaus sitzt, besser nicht mit Steinen werfen? Aber statt sich im wohltemperierten Glashaus oder Wintergarten bequem einzurichten, braucht die Theologie dringend einen frischen Wind, mögen auch Scheiben zu Bruch gehen, wie nach dem Ersten Weltkrieg geschehen, als Karl Barth 1919 die erste Fassung seines »Römerbriefes« veröffentlichte. Wo wagt es Theologie heute noch, in gleicher Weise radikal zu sein? Radikal, das heißt, sich auf die eigenen Wurzeln zu besinnen, immer wieder neu mit dem Anfang anzufangen, der nicht im religiösen Subjekt, sondern in Gott und seiner Offenbarung liegt.

Walsers Essay ist ein rasantes Buch, inspiriert von jener Verwegenheit, ohne die nach Überzeugung des jungen Karl Barth eine Theologie nicht mehr zu begründen ist. Den Grundstock des Textes bildet Walsers gleichnamige Rede, die er zum 9. November 2011 an der Harvard University gehalten hat. Gegen den theologischen *Common Sense* erinnert hier ausgerechnet ein Nichttheologe an Barth und die Dialektische Theologie, an jenen theologischen Aufbruch nach dem Ersten Weltkrieg, der die neuprotestantische Synthese von Christentum und moderner Kultur radikal in Frage stellte. Hier wagt es ein Intellektueller, nicht etwa nur *über* Barths Theologie neu nachzudenken, sondern *mit* ihm – und Nietzsche – zu denken.

Leider täuscht sich Walser, wenn er glaubt, Barth sei der unangefochtene Kirchenvater des 20. Jahrhunderts, der Schleiermacher entthront habe. Wer heute noch wie die Theologieprofessorin Maja Schneilin – in Walsers ebenfalls 2012 erschienenem Roman »Das dreizehnte Kapitel« – behauptet, zumindest für evangelische Theologen sei Barth »der Lehrer aller Lehrer«, stellt sich außerhalb des theologischen Mainstream. In der deutschsprachigen Gegenwartstheologie gilt längst wieder Schleiermacher als Lehrer aller Lehrer, und auch Theologen wie Adolf von Harnack und Ernst Troeltsch gelangen wieder zur Ehre neokulturprotestantischer Altäre, während Barth und das Erbe der Dialektische Theologie stark ins Hintertreffen geraten sind, wenn sie nicht überhaupt als Irrläufer der Theologiegeschichte abgetan werden. Dem steht allerdings eine ungebrochen starke Barth-Rezeption in der anglo-amerikanischen Theologie gegenüber. Umso mehr darf man Walser für seine Erinnerung an Barth dankbar sein.

An die Stelle eines wohltemperierten Religionsbegriffs rückte Barth die leidenschaftliche Rede von Gott und seiner Offenbarung, welche der Welt und dem Menschen zur Krisis wird. Auch damals, 1919, als Barth seinen epochemachenden Kommentar zum Römerbrief veröffentlichte, den Walser ausgiebig zu Wort kommen lässt, herrschte eine bunte religiöse Gemengelage, von der Theosophie über die Anthroposophie bis hin zu diversen Formen des Okkultismus. Barth und seine Mitstreiter aber ließen sich nicht durch die Oberfläche der zeitgenössischen Religionskultur täuschen, sondern stellten sich jener Erschütterung, die von der Rede vom Tode Gottes ausging, die bei Jean Paul und Hegel ihren Anfang nahm und bei Friedrich Nietzsche ihren Höhepunkt finden sollte. Sie loteten die unmögliche Möglichkeit aus, von jenem Gott zu reden, ohne den alle Theologie ihre Daseinsberechtigung verliert, und dessen Fehl zur Signatur der Moderne geworden ist.

Walser kann allerdings ganz unbefangen positiv von Religion bzw. von dem Religiösen sprechen und Barth als »einen

Religiösen« bezeichnen (26)[56]. Die Religion, von der Walser sagt, sie sei »anspruchsvoller als jede andere Denk- und Ausdrucksbemühung« (27), findet freilich bei Paulus, Augustin, Calvin, Luther und eben Karl Barth ihr Maß. Eine Religion, deren Herzstück die Botschaft von der Rechtfertigung des Sünders allein durch den Glauben ist, ist auf paradoxe Weise immer auch eine religiöse Form radikaler Religionskritik, die jede Religion – und zwar einschließlich des Christentums – als menschliches Werk demaskiert.

Nicht selten wird heute gegenüber dem Begriff der Religion derjenige der Spiritualität bevorzugt. Während »Religion« im Zusammenhang mit der neuzeitlichen historisch-genetischen Religionskritik mit negativen Konnotationen belastet ist, steht »Spiritualität« im heutigen Sprachgebrauch für die positiven Seiten von Religion, nicht selten verbunden mit einer kritischen Haltung gegenüber den Kirchen und den monotheistischen Religionen, denen allgemein Intoleranz und Gewaltbereitschaft nachgesagt werden. Viele Zeitgenossen sehen in »Spiritualität« eine nichtchristliche, an keine Kirche oder Dogmatik gebundene, tolerante, lebensdienliche, individualismus- und pluralismusfreundliche Form von Religiosität. Spiritualität kann gewissermaßen die Züge einer Religion ohne Gott und ohne letzte Wahrheitsansprüche annehmen, gegen die auch die Angriffe des sich neu formierenden Atheismus ins Leere laufen. – Von Barth aus gesehen, sind die zeitgeistige Spiritualität und jener neuerdings um sich greifende Atheismus allerdings im Grunde aus einem Holze geschnitzt. Letzterem schreibt Walser ins Stammbuch:

---

[56] Seitenzahlen im fortlaufenden Text beziehen sich entweder auf Walsers Essay »Über Rechtfertigung, eine Versuchung«, oder auf seinen Roman »Das dreizehnte Kapitel« (Reinbek 2012).

»Wer sagt, es gebe Gott nicht, und nicht dazusagen kann, dass Gott fehlt und wie er fehlt, der hat keine Ahnung.« (33)

Weiter:

»In der Welt der Atheisten hat doch die Leere keinen Platz. Leere gibt es nur dort, wo Gott fehlt. Und wo er dann durch keinen -ismus ersetzt wird. Eine Welt ohne Leere ist eine zu arme Welt.« (98)

Und selbst bekennt Walser, dass Gott »fehlt. Mir« (81). Gemessen an diesem Fehl Gottes ist alles Gerede von neuer Spiritualität ein Oberflächenphänomen.

Und Walser macht zugleich klar, was mit Gott abhanden gekommen ist: die Frage nach Rechtfertigung, welche die Geschichte des Christentums und des Abendlandes bis in das 20. Jahrhundert hinein umgetrieben hat. Bei Jean Paul und Dostojewski, auch bei Nietzsche, Kafka, Thomas Mann und Robert Walser war diese Frage noch lebendig. Die Frage, wie der sündige Mensch vor Gott gerechtfertigt werden kann, war das beherrschende Thema der Reformation im 16. Jahrhundert. In der Moderne wurde Luthers Frage nach dem gnädigen Gott durch die angeblich radikalere nach der Existenz Gottes abgelöst. So dachte selbst der Lutherische Weltbund auf seiner Vollversammlung 1963, also zur selben Zeit, in der das 2. Vatikanische Konzil stattfand. Doch Walser präpariert scharfsinnig heraus, dass die Frage nach der Existenz Gottes keineswegs radikaler als jene nach dem gnädigen Gott ist.

Lange Zeit galt die Rechtfertigungslehre als der fundamentale Widerspruch zwischen römisch-katholischem und evangelischem Glauben. Heute gilt dieser Streit als überwunden. Doch in Wahrheit war die Gemeinsame Erklärung von Lutherischem Weltbund und römisch-katholischer Kirche 1999 nur der Schwanengesang der Konsensökumene und zugleich der Beweis, wie wenig die Frage nach der Rechtfertigung die beteiligten Kirchen selbst noch umtreibt.

Eine Gesellschaft, der die Rechtfertigungsproblematik in ihrer radikalen religiösen Dimension, wie sie allen voran bei Paulus, dann bei Augustin, Luther und Calvin durchbuchstabiert wird, abhanden gekommen ist, verfällt dem Irrtum, als genüge es zur Rechtfertigung der eigenen Person, Recht zu haben. Das Rechthaben aber gerät zur Rechthaberei. »Recht zu haben«, so Walser, »ist der akzeptierte Ersatz für Rechtfertigung. Eine Art Bewusstseinsimperialismus auch. Oft genug verbunden mit Macht und Machtgefühl. Zeitgeistopportunität. Was ist denn *political correctness* anderes als eine Domestizierung des Gewissens, eine *passe partout*-Rechtfertigung?« (29) Eben in solcher Selbst-Rechtfertigung aber besteht jene Versuchung, von der Walser im Untertitel seines Essays spricht und gegen die er anschreibt.

Radikal war die Einsicht des jungen Karl Barth, dass alle Theologie, verstanden als Rede von Gott, wie er sich nach biblischem Zeugnis offenbart hat, eine unmögliche Möglichkeit ist, die keineswegs von sich aus gerechtfertigt ist, sondern als Unternehmen sündiger Menschen selbst der Rechtfertigung durch Gott bedarf. Ebenso radikal formulierte es auch Rudolf Bultmann, nachdem er sich der Dialektischen Theologie angeschlossen hatte. Sein berühmter Aufsatz »Welchen Sinn hat es, von Gott zu reden?« aus dem Jahr 1925, endet folgendermaßen: »Auch dies Reden ist ein Reden über Gott und als solches, wenn es Gott gibt, Sünde, und wenn es keinen Gott gibt, sinnlos. Ob es sinnvoll und ob es gerechtfertigt ist, steht bei keinem von uns.«[57]

---

[57] RUDOLF BULTMANN, Welchen Sinn hat es, von Gott zu reden?, in: DERS., Glauben und Verstehen, Bd. I, Tübingen ⁷1972, 26–37, 37.

»In unseren heutigen Literaturen«, so Martin Walser, kommen dagegen »Fälle von gravierendem Rechtfertigungsmangel nicht mehr vor. Recht zu haben genügt zur Rechtfertigung« (24). Das scheint auch für die Theologie zu gelten, die man zweifellos unter die heutigen Literaturen rechnen kann. Eine Theologie, die sich am Programmbegriff der »gelebten Religion« ausrichtet, kann auch die Rede von Gott und seiner Selbstoffenbarung nur als eine symbolische Form der Selbstauslegung religiöser Subjekte erfassen.

Und sofern nicht Barths Einspruch gegen eine neuprotestantische Religionstheologie als inzwischen überwundener theologiegeschichtlicher Rückschritt kritisiert wird, mangelt es heute nicht an Interpretationsvorschlägen, Barths Versuch, die Theologie aus der Selbstoffenbarung Gottes neu zu begründen, religionstheologisch zu vereinnahmen. Wenn aber Religion und Theologie über das sich selbst deutende Subjekt nicht hinaus gelangen, sind beide nichts anderes als eine Weise menschlicher Selbstbehauptung und Selbstrechtfertigung.

Die Fraglosigkeit, in der von »gelebter Religion« und vom Transzendenzbezug des Menschen gesprochen werden kann, betäubt jedes Gefühl für die Unmöglichkeit der Möglichkeit, von Gott zu reden. Wenn überhaupt, so wird das Existenzrecht der Theologie nicht durch den deutschen Wissenschaftsrat oder vergleichbare Institutionen gerechtfertigt, sondern allein durch Gott, auf dessen Gnade und Vergebung die Theologie angewiesen bleibt.

Wie sehr gerade sie zur Domäne des Rechthabens ohne Rechtfertigung werden kann, zeigt ihre Geschichte, die immer auch eine Geschichte von Gewalt und Unterdrückung gewesen ist. Treffend hat der Barth-Schüler Friedrich-Wilhelm Marquardt angemerkt:

»Der wirkungsvollste Beitrag der Theologie zum Unterdrücken anderer ist wohl der affirmative Satz: wenn er nicht mehr wiederzuerkennen ist als Satz eines kämpfenden und sich bekennenden Menschen, wenn er sein Pathos im wahrheitsidentifizierenden ›Ist‹ hat statt im flehenden und schreienden ›Amen, das ist: es werde wahr‹.«[58]

Letzteres ist ein Zitat aus Martin Luthers Lied »Vater unser im Himmelreich«.

Wer meint, die religiöse Frage nach der Rechtfertigung des Sünders erledige sich mit der Nichtexistenz eines gerechten Gottes, dem schlägt Walser vor: »Lesen wir's als Roman.« Dieselbe fruchtbare Lesestrategie wählt auch Jack Miles in seinem Buch »Gott. Eine Biographie«[59] und in der Fortsetzung »Jesus. Der Selbstmord des Gottessohnes«[60]. Theologie und Belletristik stehen für Walser in enger Verwandtschaft. Bekanntlich soll Adolf von Harnack beim Einräumen seiner Bibliothek gesagt haben, die Werke der Dogmatik gehörten in die Abteilung Belletristik.[61] Was der Kirchenhistoriker abschätzig meinte, versteht Walser als Kompliment. Theologie, das ist für den Schriftsteller Basil Schlupp in Walsers »Das dreizehnte Kapitel« »eine fast verwandte Fakultät« (44). Theologische Sachbücher sind belletristisch, wie jeder gute Roman auch ein Sachbuch ist. Für Basil Schlupp ist Paulus »reine Literatur« (111), und wenn Sigmund Freud den Nobelpreis verdient hätte, dann nicht in Medizin, sondern in Literatur, genau wie Karl Barth.

---

58 Friedrich-Wilhelm Marquardt, Zur Situation, in Ders. (Hg.), Einwürfe 1, München 1983, 1–13, hier 7.

59 Jack Miles, Gott. Eine Biographie, München 1996.

60 Jack Miles, Jesus. Der Selbstmord des Gottessohnes, München 2001.

61 Vgl. Agnes v. Zahn-Harnack, Adolf von Harnack, Berlin ²1951, 82 f.

2.2 Zur Barth-Lektüre Walsers

Allerdings denkt Walser nicht an Barths Gesamtwerk, sondern lediglich an seinen »Römerbrief«, vor allem an die erste Auflage von 1919. Der Barth der »Kirchlichen Dogmatik« scheint für Walser – ganz so wie für seine Romanfigur, die Theologieprofessorin Schneilin – keine Rolle zu spielen. Das ist von theologischer Seite bereits verschiedentlich notiert und auch kritisiert worden. Dabei hat doch Barth selbst erkannt, dass seine expressionistische frühe Theologie in Aporien mündete, aus denen er, nachdem er auch seine Anläufe zu einer »Christlichen Dogmatik im Entwurf« (1927) als gescheitert betrachtete, mit seinem Anselm-Buch »Fides quaerens intellectum« (1931) einen Ausweg suchte. Seine Beschäftigung mit Anselm von Canterburys ontologischem Gottesbeweis führte ihn zur Denkfigur der *analogia fidei*, die den Schlüssel jener Denkbewegung bildet, die Barth in seiner ab 1933 erschienenen, jedoch unvollendet gebliebenen »Kirchliche[n] Dogmatik« ausgeführt hat.

Walser vollzieht folglich auch nicht jene Entwicklung im Denken Barths mit, die ihn zu einer radikalen Neuinterpretation der Lehre von der doppelten Prädestination und somit an zentraler Stelle zu einer Kritik an Calvin geführt hat. Während Calvin wie schon Augustin, aber auch Luther, von einem doppelten Ausgang des Jüngsten Gerichtes überzeugt ist und in der Lehre von der ewigen Verwerfung eines Teiles der Menschheit die unerbittliche Konsequenz der Lehre von der Rechtfertigung allein durch den Glauben und allein aus Gnade sieht, hat Gott nach Ansicht Barths in Jesus Christus zu allen Menschen gleichermaßen Nein und Ja gesagt. Die Glaubenden unterscheiden sich von den Nichtglaubenden allein dadurch, dass sie um Gottes großes Ja und Nein wissen. Zwar geht Barth nicht so weit, dass er explizit die Allerlösung lehrt, was auf dem fünften ökumenischen Konzil 553 n. Chr. als Häresie verworfen wurde, doch weisen seine Ausführungen eindeutig in diese Richtung. Nicht nur in diesem Punkt sieht man übrigens, wie sich Barth im Laufe seines Lebens trotz aller fortbestehenden Reserven seinem Antipoden Schleiermacher angenähert hat.

Wenn Walser, dessen ungeachtet, Augustin und Calvin rühmt und gegen Kritiker wie Kurt Flasch in Schutz nimmt, dann deshalb, weil er ihre Werke nicht als Geschichtstheologie, sondern als Romane liest. »Sie haben einen realistischen Roman geschrieben« (40), in dem sie ihre Welterfahrung zum Ausdruck gebracht haben. Will sagen: »Der Mensch wurde ja nicht so und so schlecht behandelt, WEIL er von der religiösen Überlieferung so klein dargestellt wurde, sondern die religiösen Texte zeigen ihn so klein, weil er in Wirklichkeit so rechtlos war.« (38) Aus Augustins und Calvins Prädestinationslehre, die als Radikalisierung der biblischen Erzählung von Jakob und Esau zu lesen sei, spreche die Erfahrung, vollkommen ausgeliefert zu sein. Und diese Erfahrung liefere den Schlüssel zum Theodizeeproblem: »Auch Gott war nur eine Ausdrucksform des Weltgeschehens.« (40)

An dieser Stelle meint Walser einen Unterschied zwischen Calvin und Luther zu erkennen. Letzterer habe dazu beigetragen, dass aus dem Roman Geschichte wurde.

> »Wenn, wie durch Luther geschehen, der Mensch schon durch Glauben und Buße und so weiter ein bisschen Anspruch auf Rechtfertigung erwerben kann, ist das kein Roman mehr, sondern Kirchengeschichte.« (42)

Und weiter, unter Verweis auf Max Weber: »Seit Luther war die Gnade verlierbar oder verdienbar geworden.« (43) Vollends die Theologie nach der Aufklärung habe auf ihre Weise an der Säkularisierung der Rechtfertigung mitgewirkt, indem sie Gott erreichbar machte. Demgegenüber komme der Barth des »Römerbriefs« wie kein zweiter wieder Augustinus nahe, wenn er schreibt: »Der Mensch Gott gegenüber, wie sollte er je und irgendwie etwas Anderes sein als der Angeklagte?« (50) Was Walser am frühen Barth so schätzt, sind die paradoxen, an Kierkegaard erinnernden Formulierungen, in denen er schreibt, dass der Mensch von Gott, wenn er sich ihm offenbart, nur als der Verlorene gerettet und nur als der nicht zu Rechtfertigende gerechtfertigt wird.

Entspricht das aber nicht durchaus auch der Ansicht Luthers, der doch keineswegs insinuiert, dass der Mensch »durch Glauben und Buße und so weiter« (42) wenigstens ein ganz kleines bisschen Anspruch auf Rechtfertigung habe? Kann man, wenn man Luthers Schrift »Vom unfreien Willen« gegen Erasmus liest, wirklich einen so gravierenden Unterschied zwischen Calvins und Luthers Augustin-Rezeption behaupten wollen? Und weiß nicht gerade Luther, der zwischen dem geoffenbarten bzw. dem vom Evangelium verkündigten und dem verborgenen Gott unterscheidet, um die Erfahrung radikaler Kontingenz, welche den Glauben in tiefe Anfechtung stürzt? Allerdings ist es nun gerade der Barth der »Kirchlichen Dogmatik«, der Luthers Lehre vom verborgenen Gott, dem *Deus absconditus*, heftig kritisiert.

Kritiker, und zwar besonders solche lutherischer Provenienz, halten vor allem dem Barth der »Kirchlichen Dogmatik« vor, dass sich diese wie ein Roman lese, der jedoch die Erfahrung des radikal Bösen abschwäche, indem Barth das Böse lediglich als das Nichtige und in Christus längst schon überwundene beschreibe. Auch werde die Kontingenz der Gnade durch Barths radikale Transformation der Lehre von der doppelten Prädestination auf theologisch unzulässige Weise zu einem Prinzip der Gnade umgedeutet.

Es wäre interessant zu erfahren, was Walser zu Barths »Kirchlicher Dogmatik« zu sagen hätte, würde er sie als Fortsetzungsroman zum »Römerbrief« lesen. Welche Kontinuitäten und Diskontinuitäten, über die von zünftigen Theologen schon ganze Bibliotheken geschrieben wurden, würde er ausmachen? Oder hält ihn schon der programmatische Titel von Barths Hauptwerk von der Lektüre ab, der zum Ausdruck bringt, dass Glaube und Theologie für Barth nicht ohne Kirche zu denken und zu haben sind, während Walser es in seinem Essay als »eine eher unglückliche Entwicklung« betrachtet, »dass Religion etwas geworden ist, was nicht mehr ohne Kirchliches gedacht wird« (32)?

Wie auch immer, auf jeden Fall wäre mit Walser darüber zu diskutieren, welches Verhältnis nach seiner Auffassung zwischen schöner Literatur und Geschichte, zwischen Geschichten und Geschichte, zwischen *story* und *history,* besteht. In seinem Rechtfertigungs-Essay preist er Autoren wie Jean Paul, Dostojewski, Kafka und Robert Walser, weil sie gleichermaßen »im Erlebnis, dass es für sie keine Rechtfertigung mehr gibt« wie »in der Absage an Geschichte« radikal seien (10). Und seine Roman-Protagonistin Schneilin bekennt:

> »Eine Empfindung, die religiös genannt werden kann, ist das Erlebnis vollkommener Geschichtslosigkeit. Das reine Hier und Jetzt. Sonst nichts.« (75)

Interessanterweise ist der »Kirchlichen Dogmatik« Barths unter anderem ihre vermeintliche Geschichtslosigkeit theologisch zum Vorwurf gemacht worden. Die Dialektische Theologie, welche sich »zwischen den Zeiten« verortete – so der Titel eines Aufsatzes von Friedrich Gogarten, der dann zum Namen der Zeitschrift der Dialektischen Theologen wurde[62] –, hat jedenfalls von Beginn an mit dem Problem der Geschichte gerungen. Und es war eben auch der Streit um die angemessene Lösung dieses Problems, der 1933 zum Ende der Weggemeinschaft der Dialektischen Theologen und zum Ende ihrer Zeitschrift führte. Auf der einen Seite haben die Dialektischen Theologen das Konstrukt einer Heils- und Fortschrittsgeschichte verworfen, wie es im 19. Jahrhundert propagiert wurde. Auf der anderen Seite aber bestanden sie darauf, dass die Geschichte Gottes mit den Menschen, die mit seiner Selbstoffenbarung anhebt, sich vom Mythos unterscheidet, der, mit Sallust gesprochen, von dem erzählt, was niemals war und immer ist.

Das Problem der Geschichte meldet sich im Begriff der Eschatologie, die gerade durch Barths »Römerbrief« eine enorme Aufwertung erfahren hat. Statt in ein letztes Kapitel der Dogmatik verbannt zu werden und von irgendwelchen mythologischen Letzten Dingen zu handeln, sei alle Theologie ganz und gar eschatologisch zu verstehen, weil sie vom Einbruch Gottes im Hier und Jetzt handele, durch das die Geschichte radikal neu qualifiziert werde. Doch wie dieser eschatologische Einbruch zu denken sei, darüber gingen die Ansichten der Dialektischen Theologen schon bald auseinander.

Bultmann etwa hat von Heidegger den Begriff der Geschichtlichkeit übernommen, um zwischen dem Glauben und der individuellen Existenz des Menschen als einem nicht objektivierbaren Geschehen und der historiographisch beschreibbaren Geschichte zu unterscheiden. Während der

---

[62] Vgl. FRIEDRICH GOGARTEN, Zwischen den Zeiten, in: Christliche Welt 34, 1920, Nr. 24, 374–378, jetzt in: JÜRGEN MOLTMANN (Hg.), Anfänge dialektischer Theologie, Teil II (TB 17/II), München ³1977, 95–101.

Mythos von dem erzählt, was niemals war und immer ist, bezeugt der Glaube ein Geschehen, das sich ein für allemal ereignet hat und als solches nicht historisch, wohl aber geschichtlich, unsere Existenz im Hier und Jetzt unbedingt angehend ist.

Am Verständnis der Geschichtlichkeit des Glaubens hängt die Frage nach dem Weltbezug Gottes und der Möglichkeit, überhaupt von Gott zu reden. Walser bewundert den frühen Barth des *Römerbriefes* als radikalen Vertreter einer negativen Theologie, die nur vom unbekannten Gott (Act 17,23) zu reden weiß, »an den man nur ohne Hoffnung auf Hoffnung hin glauben könne«, wie Frau Professor Schneilin im Roman ausführt (74).

Ihr – notabene katholischer – Briefpartner Basil Schlupp äußert die Ansicht, dass Schriftsteller und Theologen denselben Beruf haben, nämlich »Dekorateure des Nichts«, die wissen, »dass nichts ist außer Wörtern« (112), und sich an Buchstabenketten klammern, die »Hängebrücken über einem Abgrund namens Wirklichkeit« sind (111). Die Theologin sieht sich jedoch zu einer »evangelischen Korrektur« des Hängebrückenbildes genötigt: »Unsere Brücke wird in die Luft gebaut. Sie hat drüben noch keinen festen Punkt erreicht« (119). Eine Theologie, die bei Barth gelernt habe, »voraussetzungslos zu denken, zu fühlen, zu schreiben« (120), sehe sich ganz und gar in die Luft gestellt.

Schon früh hat Barth freilich die Notwendigkeit erkannt, über eine Theologie, die nur den unendlichen qualitativen Abstand – um nicht zu sagen Abgrund – zwischen Gott und Mensch betont, hinauszugelangen, und zwar deshalb, weil Gott selbst in seiner Menschwerdung diesen Abgrund überbrückt hat. Walser paraphrasiert Calvin: »Gott ist nicht um der Menschen willen da, sondern die Menschen sind um Got-

tes willen da.« (43) Daran ist richtig, dass sich der auch von
Barth betonte Gedanke der Souveränität Gottes gegen jede
menschliche Vereinnahmung, jede gesellschaftliche oder politische Instrumentalisierung Gottes verwahrt. Doch lässt
sich Gottes Freiheit nach Barth nicht ohne seine Liebe denken. Gott ist nicht um der Menschen willen da, wohl aber will
er nicht ohne die Menschen sein. Als Gott für uns offenbart er
sich nach Barth in Jesus Christus. Er selbst macht sich für uns
Menschen erreichbar. Passt auch das noch in Walsers Roman?

Aber liest überhaupt, wem Gott fehlt und wer unter diesem Mangel existentiell leidet, Religion nur als Literatur?
Wen die Frage nicht loslässt, was sein einziger Trost im Leben
und im Sterben ist, muss der sich nicht, mit Kierkegaard gesprochen, »ins Leben hinauswagen, hinaus aufs Meer, und
muß einen Schrei erheben, ob Gott ihn nicht hören wolle«[63]?
Doch vielleicht ist Walsers Vorschlag, Religion konsequent als
Roman zu lesen, im Sinne Kierkegaards gar keine Form der
direkten, sondern der indirekten Mitteilung, weil er ihn an
einer Stelle ausdrücklich für vorläufig erklärt (35).

2.3 Barth, Nietzsche und Overbeck

Walser stellt sich vor, ein Seminar über Barth und Nietzsche
abzuhalten, immer freitags von 13 bis 15 Uhr. Im Roman
»Das dreizehnte Kapitel« ist es die Theologieprofessorin Maja
Schneilin, die einmal ein Seminar über Barths »Römerbrief« ge-
plant, es dann aber doch »– aus Feigheit –« (73) nicht abgehal-

---

[63] Søren Kierkegaard, Die Tagebücher, übers. v. H. Gerdes, Bd. I, Düssel-
dorf/Köln 1962, 261.

ten hat. Was Walser umtreibt, ist eine »Hoffnung, die sich
kühn anfühlt oder vermessen: Nietzsche, den Pfarrersohn
heimzuholen. Also aufzuzählen, nachzuweisen, wie viel evangelische Theologie noch übriggeblieben ist in ihm und in
seinem Zarathustra« (79). Das erinnert an Eberhard Jüngels
Versuch, die Rede vom Tode Gottes auf den Spuren der Dialektischen Theologie in die Theologie heimzuholen. Dass eine
derartige Nietzsche-Lektüre keineswegs als geradezu unan-
ständige theologische Vereinnahmung zurückzuweisen ist,
zeigt Heinrich Deterings differenzierte Analyse von Nietzsches
letzten Texten und Briefen in seinem Buch »Der Antichrist und
der Gekreuzigte«.[64] Allerdings übernimmt Nietzsche in seiner
Spätphilosophie selbst die Rolle des Erlösers, in der nun die
Antitypen des Dionysos und des Gekreuzigten unlöslich miteinander verbunden sind, gekoppelt mit dem Anspruch, das
biblische Evangelium zu überbieten und abzulösen. Ihn einfach einzureihen »unter die Gottesmänner von Augustinus bis
zu Karl Barth« (93), wie Walser es tut, ist daher unterkomplex.

Angenommen, Walser hielte sein Seminar ab und ich
dürfte teilnehmen, dann würde ich in einer Sitzung auf einen
missing link zwischen Nietzsche und Barth hinweisen, den
Walser nicht erwähnt: Franz Overbeck, Neutestamentler und
Kirchenhistoriker in Basel und Freund Nietzsches. Er, der radikal mit der modernen Theologie abrechnete und sich zum
Unglauben bekannte, wurde vom jungen Barth als heidni-
scher Zeuge der Auferstehung interpretiert. Und den Satz,
wonach Theologie anders als mit Verwegenheit nicht wieder
zu gründen sei, hat Barth bei Overbeck gefunden. Die deut-
liche Ironie des Satzes, mit der Overbeck, der seinen persön-

---

[64] Vgl. HEINRICH DETERING, Der Antichrist und der Gekreuzigte. Friedrich
Nietzsches letzte Texte, Göttingen 2010.

lichen Glauben verloren hatte, seine schroffe Distanz zur modernen Theologie zum Ausdruck brachte, ist Barth möglicherweise entgangen. Oder aber er hat auch an dieser Stelle Overbeck absichtsvoll gegen den Strich gebürstet, um ihn als Bündnispartner gegen den modernen Kulturprotestantismus in Stellung zu bringen.

2.4 SPRACHVERLUST UND GOTTESKRISE

Walser wagt den Versuch, das Religiöse im radikalen Sinne Barths, Augustins und Luthers »vor dem Vergessen zu bewahren. An eine Sprache zu erinnern, in der Rechtfertigung noch vorkommt« (32). Wenn es stimmt, dass Gott durch die Sprache zur Welt und zu uns Menschen kommt, dann ist die Sprachkrise heutiger Theologie und Verkündigung eine Gotteskrise.

Vordergründig betrachtet lässt sich Walsers Barth-Lektüre wegen ihrer Verengung auf den »Römerbrief« kritisieren. Aber vielleicht liegt ja gerade darin ihre Stärke, weil jene unerledigten Anfragen Overbecks an die moderne Theologie, mit denen sich der frühe Barth auseinandergesetzt hat, durch seine spätere »Kirchliche Dogmatik« keineswegs erledigt worden sind. Dafür stehen die nachgelassenen Texte Dietrich Bonhoeffers. Dieser hielt zwar die theologischen Grundentscheidungen Barths für richtig und schätzte seine Ethik, sah aber in Barths »Kirchlicher Dogmatik« einen »Offenbarungspositivismus« am Werke, der letzten Endes doch auf eine Restauration überlieferter theologischer Sprach- und Denkformen hinausgelaufen sei. Demgegenüber sah sich Bonhoeffer wieder ganz auf die Anfänge des Verstehens zurückgeworfen, wie er 1944 schrieb:

»Was Versöhnung und Erlösung, was Wiedergeburt und Heiliger
Geist, was Feindesliebe, Kreuz und Auferstehung, was Leben und
Christus und Nachfolge Christi heißt, das alles ist so schwer und so
fern, daß wir es kaum mehr wagen, davon zu sprechen. In den über-
lieferten Worten und Handlungen ahnen wir etwas ganz Neues und
Umwälzendes, ohne es noch fassen und aussprechen zu können.«[65]

In diesen Worten verdichtet sich das theologische Grundpro-
blem unserer Epoche, nämlich der mit der neuzeitlichen Ent-
substantialisierung des Glaubens einhergehende Verfall seiner Sprache. Der religiöse Sprachverlust äußert sich nicht
etwa nur in dem Unvermögen, eine zeitgemäße Sprache für
die Verkündigung zu finden, sondern vor allem darin, dass
die Grundbegriffe des Christentums ihre Aussagekraft verlie-
ren, weil das praktische Lebensverhältnis zu ihnen gestört ist.

Sprachwissenschaftlich gesprochen ist die Referenz aller
Rede von Gott fraglich geworden. Gemessen an diesem Miss-
lingen christlicher Gottesrede sind die modischen Debatten
über einen angeblichen Megatrend Religion, durch den Bonhoeffers Prognose einer religionslosen Zeit endgültig wider-
legt sei, ein Oberflächenphänomen. Hier lässt sich eine sachliche Parallele ausmachen zwischen dem Sprachverlust des
Glaubens, den Bonhoeffer artikuliert hat, und jener Krise der
eigenen Sprache, die der Dichter Hugo von Hofmannsthal in
seinem 1901 verfassten »Brief des Lord Chandos« beschrieben
hat. »Mir haben sich«, wie Hofmannsthal seinen Lord Chandos gestehen lässt, »die Geheimnisse des Glaubens zu einer
erhabenen Allegorie verdichtet, die über den Feldern meines
Lebens steht wie ein leuchtender Regenbogen, in einer steti-

---

[65] Dietrich Bonhoeffer, Widerstand und Ergebung. Briefe und Aufzeichnun-
gen aus der Haft, hg. v. Christian Gremmels, Eberhard Bethge u. Renate
Bethge in Zusammenarbeit mit Ilse Tödt (DBW 8), Gütersloh 1998, 435.

gen Ferne, immer bereit zurückzuweichen, wenn ich mir ein-
fallen ließe, hinzueilen und mich in den Saum seines Mantels
hüllen zu wollen.«[66] Wie die Sprache der Religion versiegt bei
Chandos auch die Begriffssprache des philosophischen Denkens: »[...] die abstrakten Worte, deren sich doch die Zunge
naturgemäß bedienen muß, um irgendwelches Urteil an den
Tag zu geben, zerfielen mir im Munde wie modrige Pilze.«[67]

Die Suche nach einer neuen, unverbrauchten Sprache, die
bei Bonhoeffer und Hofmannsthal zum Thema gemacht
wird, ist durchaus kennzeichnend für die gesamte Epoche
nach dem Ersten Weltkrieg. Es handelt sich keineswegs nur
um einen äußeren Zufall, dass die erste Fassung von Barths
»Römerbrief« nur ein Jahr nach Ernst Blochs »Geist der Uto-
pie« und Oswald Spenglers »Untergang des Abendlandes« erschien. Auch Franz Rosenzweigs »Stern der Erlösung« und
Martin Heideggers »Sein und Zeit«, die nur wenig später veröffentlicht wurden, sind in diesem Zusammenhang zu er-
wähnen. Nicht nur Philosophen und Theologen, sondern
auch die Vertreter des Dada und des Expressionismus trieb die
Suche nach einer neuen Sprache um. Die Hinwendung zur
Sprache ist ein wesentlicher Grundzug der Theologie wie der
Philosophie im 20. Jahrhundert. Für die Theologie sei auf
die verschiedenen Spielarten der sogenannten Wort-Gottes-
Theologie und einer hermeneutischen Theologie hingewie-
sen,[68] für die Philosophie auf die Wende zur Hermeneutik,
aber auch auf die analytische Sprachphilosophie.

---

[66] HUGO V. HOFMANNSTHAL, Der Brief des Lord Chandos, in: OSKAR LOERKE/PETER
SUHRKAMP, Deutscher Geist. Ein Lesebuch aus zwei Jahrhunderten, Bd. 2,
Frankfurt a. M. 1982, 661–672, 664 f.

[67] A. a. O., 665.

[68] Vgl. ULRICH H. J. KÖRTNER, Theologie des Wortes Gottes. Positionen – Probleme – Perspektiven, Göttingen 2001.

Zwischen Barths »Römerbrief« und Bonhoeffers kritischer Diagnose in seinen Gedanken zum Tauftag seines Patenkindes liegt ein Vierteljahrhundert. Die Anfänge der Dialektischen Theologie und ihre weitere Entwicklung betrachtet Bonhoeffer aus einem zeitlichen Abstand. Während er Barth auf ethischem Gebiet nach wie vor für stark hält, sieht er ihn auf dogmatischem Gebiet in einem Offenbarungspositivismus gefangen, der aus der Sprachnot des Glaubens nicht zu befreien vermag, sondern theologisch steril wirkt. Auch Bultmanns Beschreibung des hermeneutischen Problems, die er in seinem Entmythologisierungsprogramm vorgenommen hat, hält Bonhoeffer für unzureichend. Während er Bultmann vorwirft, nach dem Vorbild der liberalen Theologie des 19. Jahrhunderts zwischen zeitbedingter Schale und überzeitlichem Wahrheitskern des Christentums unterscheiden zu wollen, ist für Bonhoeffer der sogenannte Mythos in den biblischen Texten die Sache selbst. Allerdings genügt nach seiner Auffassung nicht die bloße Wiederholung biblischer Aussagen, wie er an Barths Theologie kritisiert. Stattdessen begibt sich Bonhoeffer auf die Suche nach einer, wie er es nennt, nicht-religiösen Interpretation biblischer Begriffe.

Die Entwicklung der Theologie Bonhoeffers soll hier nicht im Einzelnen verfolgt werden, doch halte ich die von Bonhoeffer thematisierte Sprachnot nicht bloß für seine individuelle Problematik, sondern sehe in ihr ein epochales Phänomen. Seine Gründe liegen auch nicht allein im Versagen der Kirche im »Dritten Reich«, die – so Bonhoeffers Vorwurf – in dieser Zeit lediglich um ihren Selbsterhalt besorgt gewesen sei. Die Sprachkrise resultiert aus dem Verlust des Lebensbezugs zur Sache des Glaubens. Man kann darin das Dauerproblem der Theologie in der nachaufklärerischen Moderne sehen. Bonhoeffer wollte die Stagnationsrhetorik, die er und andere der Wort-Gottes-Theologie vorgeworfen haben, von innen her aufbrechen. Darin bleibt seine tastende Suche nach einer nicht-religiösen Interpretation der biblischen Überlieferung bedeutsam.

Allerdings hat das Sprachproblem der Theologie, das mit der Krise ihrer traditionellen metaphysischen Denkmodelle verbunden ist, auch bei Bonhoeffer keine befriedigende Lösung gefunden. Was von ihm aber zu lernen bleibt, ist die Bereitschaft zur Redlichkeit, die Theologie und Kirche dazu führt, ihre Lage vor Gott wahrhaftiger zu erkennen. Auch Walsers Versuch »Über Rechtfertigung« fordert die Theologie zur redlichen Selbstprüfung heraus.

So wollen auch die Probleme der negativen Theologie, auf die wir bereits gestoßen sind, noch einmal neu bedacht werden. Sie verschärfen sich insofern, als die heutige Theologie nicht mehr davon ausgehen kann, der biblische Gott sei zumindest noch im Modus einer offenen und offengehaltenen Frage präsent. Das apologetische Schema von Frage und Antwort funktioniert nicht mehr, weil die Gottesfrage in der Moderne nachchristliche Antworten gefunden hat, durch welche sogar die ursprüngliche Frage verdeckt wird. Das Selbstbewusstsein der Neuzeit speist sich aus der Überzeugung, bessere Antworten auf die falsch gestellten Fragen des Christentums gefunden zu haben – also auch auf die Walser umtreibende Frage der Rechtfertigung. In Vergessenheit scheint nicht nur die christliche Antwort auf die Gottesfrage, sondern schon die Frage als solche geraten zu sein. Damit schwinden aber auch die Möglichkeiten einer negativen Theologie in apologetischer Absicht.

Soll die Gottesfrage nicht ins Leere laufen, muss der Begriff einer negativen Theologie von den biblischen Texten aus neu bestimmt werden. Im Lichte dieser Texte zeigt sich, dass der der Neuzeit abhanden gekommene oder fremde Gott auf ganz bestimmte Weise verborgen ist – nämlich auf durch seine Offenbarung bestimmte Weise. Gottes Verborgenheit ist biblisch gleichermaßen als Modus seiner Anwesenheit wie seiner Offenbarung zu verstehen.

Die Möglichkeit, von Gott zu reden, hängt unter neuzeitlichen Bedingungen nicht von einer wie auch immer gearteten Frage nach Gott ab, sondern von der Erinnerungsspur der biblisch bezeugten Gottesoffenbarung. Weil es keinen natürlichen oder evolutionären Weg von einem allgemeinen Religionsbegriff zum Geltungs- und Wahrheitsanspruch jedes wirklichen Monotheismus gibt, ist Offenbarung die Voraussetzung einer zeitgemäßen negativen Theologie. Es ist die Erinnerungsspur von bezeugter Offenbarung, die durch die biblische Überlieferung und ihre Wirkungsgeschichte präsent gehalten wird, welche die Frage nach Gott lebendig hält oder neu provoziert. Dass die Frage der Antwort nicht vorausliegt, sondern umgekehrt die Antwort der Frage, ist eine wesentliche Einsicht Karl Barths und der Dialektischen Theologie, die es festzuhalten gilt.

Walser lässt sein Büchlein »Über Rechtfertigung« in der Manier Nietzsches mit einem Gedicht enden. Daher erlaube ich mir, auch meinerseits mit einem Gedicht zu schließen, das ich selbstkritisch vor mehr als zwei Jahrzehnten meinem Essay »Theologie in dürftiger Zeit« (1990) als Motto vorangestellt habe:

> Die Sprache schweigt –
> doch wir brechen das Schweigen
> und teilen es aus unter Bettlern,
> die vor den Kirchenportalen
> im Kehricht nach eßbaren Worten wühlen.

3. Religiöse Religionskritik

3.1 RELIGION, THEOLOGIE UND KRITIK

Die Debatte zum neuen Atheismus hat eine neue Runde neuzeitlicher Religionskritik eingeläutet. Die Wortführer eines
naturalistischen und militanten Atheismus, die zu Beginn
des ersten Kapitels erwähnt wurden, setzen sich allerdings erstaunlicherweise kaum oder nur oberflächlich mit den ein-
schlägigen religionskritischen Positionen des 19. Jahrhunderts auseinander. Nietzsche und die Folgen, die im beschriebenen Atheismus mit Trauerflor allgegenwärtig sind und
auch bei Walser neben Karl Barth im Zentrum stehen, spielen
für Dawkins und Co. praktisch keine Rolle. Das Zutrauen
zur Evolutionstheorie als naturalistischer Supertheorie ist
immens, die darauf gründende Theorie aber philosophisch
dürftig.

Kaum beachtet wird auch, dass sich die moderne Theologie seit dem 19. Jahrhundert intensiv mit der historisch-
genetischen Religionskritik, mit Feuerbach, Marx, Nietzsche
und Freud befasst hat. Die Theologie des 20. Jahrhunderts
und ihre Suche nach Möglichkeiten, Gott nachmetaphysisch
oder auch jenseits der Alternative von Theismus und Atheismus zu denken, ist doch ohne die fortlaufende Auseinandersetzung mit der modernen Religionskritik gar nicht zu verstehen. Religionskritik ist ein wesentlicher Grundzug von
Theologie in der Moderne. Allerdings handelt es sich dabei
um eine religiöse Form der Religionskritik, die im Folgenden
näher beschrieben werden soll.

Kritik ist ein Moment aller Religion, jedenfalls aller Religionen, die prophetischen Charakter tragen oder doch ein prophetisches Moment aufweisen. Man denke nur an die Schriftprophetie Israels in alttestamentlicher Zeit. Immer wieder haben Israels Propheten, verbunden mit scharfer Sozialkritik, massive Kritik am religiösen Kult geübt.[69] Deuterojesaja, der zweite Jesaja, ergießt seinen beißenden Spott über die selbstgemachten Götterbilder und diejenigen, welche sie anbeten.[70]

Wenn wir über religiöse Religionskritik nachdenken, gilt es zu beachten, dass die Bibel – das Alte Testament nicht minder als das Neue Testament – »nicht nur ein religiöses, sondern auch ein antireligiöses Buch«[71] ist, wie Paul Tillich urteilt. »Die Bibel kämpft für Gott gegen die Religion«[72], d. h. gegen Mythos und Kultus. Die »Entmythologisierung«, die von Rudolf Bultmann zum theologischen Programm erhoben worden ist,[73] gibt es schon in der Bibel selbst *avant la lettre*. Man denke nicht nur an die bereits erwähnte ätzende Kritik Deuterojesajas an den Göttern der Umwelt Israels, sondern auch an die Schöpfungsgeschichte in Genesis 1. Die Gestirne sind keine Gottheiten mehr wie in anderen altorientalischen Schöpfungsmythen, sondern lediglich Leuchten, die Jahwe an den Himmel gesetzt hat. Auch das Neue Testament ist von scharfer Kritik an bestehenden Religionen durchzo-

---

69 Siehe z. B. Amos 5,21–27; Mi 6,6–8; Jes 1,11–15; 58,1–12.

70 Vgl. Jes 44,9–20.

71 PAUL TILLICH, Das Christentum und die Begegnung der Weltreligionen (1962), GW 5, Stuttgart 1964, 51–98, 94.

72 Ebd.

73 Vgl. RUDOLF BULTMANN, Neues Testament und Mythologie. Das Problem der Entmythologisierung der neutestamentlichen Verkündigung, hg. v. E. Jüngel (BEvTh 96), München 1988.

gen, und schon Jesus selbst kritisiert immer wieder die Praxis des Judentums seiner Zeit. Aber auch das Christentum selbst, sofern es Züge einer mythischen und kultischen Religion annimmt, ist schon im Neuen Testament Gegenstand der Kritik. Nicht nur, dass etwa Paulus an bestimmten Formen des Judenchristentums und dessen Forderung nach der Beschneidung von nichtjüdischen Christen oder an einem enthusiastisch-spiritualistischen Christentum in Korinth Kritik übt. Man kann auch wie Tillich oder Bultmann in der johanneischen Theologie kultus- und mythoskritische Züge erkennen.[74] Die Sakramente von Taufe und Abendmahl treten deutlich in den Hintergrund, und die futurische Eschatologie, welche die Wiederkunft Christi, Weltende und Jüngstes Gericht in mythischen Bildern ausmalt, wird von einer präsentischen Eschatologie marginalisiert, nach welcher sich Gericht und Auferweckung zum ewigen Leben bereits hier und jetzt im Akt des Glaubens ereignen. Doch auch wenn das Christentum, um noch einmal mit Tillich zu sprechen, »mehr sein will als eine Religion«[75], ist seine fundamentale Kritik an aller Religion doch selbst eine Erscheinungsform von Religion. Sie bedient sich auf paradoxe Weise religiöser Mittel, religiöser Sprach- und Denkformen, um die Religion zu bekämpfen.

Immer wieder sind Religionen aufgrund neuer religiöser Erfahrungen oder theologischer Einsichten aus der kritischen Auseinandersetzung mit bestehenden Religionen entstanden. Das gilt für das Christentum ebenso wie für den Islam, aber auch für den Buddhismus. Reformbewegungen und religiöse Neuaufbrüche kommen in der gesamten Chris-

---

74 Vgl. RUDOLF BULTMANN, Das Evangelium des Johannes (KEK 2), Göttingen [10]1968, Nachdruck 1978; TILLICH, Christentum, 95.

75 TILLICH, Christentum, 94.

tentumsgeschichte bis in die Gegenwart vor. Immer wieder haben sie auch zu Kirchenspaltungen geführt, verbunden mit scharfer Kritik an jenen, welche den neuen Lehren nicht folgen wollten. Nicht zuletzt sind die Kirchen der Reformation aus einer religiösen Freiheitsbewegung und aus der Kritik an bestehenden kirchlichen Verhältnissen und Lehren hervorgegangen. Das protestantische Prinzip der *ecclesia semper reformanda* stellt die aus der Reformation hervorgegangenen Kirchen unter den Anspruch permanenter Selbstkritik, und das heißt religiöser Religionskritik.

Religiöse Religionskritik begegnet uns einerseits in der Form der Kritik, die von einer bestimmten Religion an anderen Religionen geübt wird, andererseits aber auch als Kritik innerhalb einer bestimmten Religion. Im Unterschied zu areligiösen Formen der Religionskritik nimmt die religiöse Religionskritik keinen Standpunkt außerhalb jeglicher Religion ein, sondern kritisiert die eigene oder fremde Religion von einem religiösen Standpunkt aus und unterscheidet zwischen wahrer und falscher Religion. Sie stellt also nicht die Sinnhaftigkeit von Religion überhaupt in Frage, wohl aber die Sinnhaftigkeit oder Angemessenheit einzelner Erscheinungsformen von Religion.

Seit der Aufklärung sind nicht nur Formen der Religionskritik entstanden, welche konkrete Religionen, ihre Lehren und ihre Praxis radikaler Vernunftkritik unterziehen, um zum Konstrukt einer natürlichen Religion vorzustoßen, deren Wesenskern ein moralisch vernünftiger sein soll, sondern auch Formen einer noch radikaleren Kritik, welche Religion überhaupt als Irrtum, als Wahn und als etwas zu Bekämpfendes und zu Überwindendes ansieht. Religionen können darauf reagieren, indem sie entweder diese Spielarten radikaler Religionskritik ihrerseits mit allen Mitteln als Form des Irrtums oder der Bosheit bekämpfen oder aber, indem sie Wahrheitsmomente solcher Religionskritik in die eigene religiöse Sicht auf die Religion zu integrieren versuchen. Tatsächlich gibt es dafür aus der Geschichte des Christentums in der Moderne genügend Beispiele.

Eine wesentliche Rolle spielt dabei die Theologie. Theologie im christlichen Kontext ist die Selbstprüfung des christlichen Glaubens in einer wissenschaftlichen Form. Auch wenn moderne Theologie religionswissenschaftliche Elemente enthält, ist die Theologie als ganze doch von Religionswissenschaft zu unterscheiden, weil sie die eigene wie fremde Religionen nicht aus einer neutralen oder a-religiösen Perspektive betrachtet, sondern explizit einen religiösen Standpunkt einnimmt. Sie beschreibt eben nicht nur die eigene Religion oder fremde Religionen, sondern sie bezieht Stellung. Sie verfährt nicht nur deskriptiv, sondern sie argumentiert normativ und somit kritisch, mag dies auch noch so zurückhaltend geschehen. Theologie als Selbstprüfung des christlichen Glaubens unter historischen, systematischen und praktischen Gesichtspunkten ist ein unaufgebbares Moment des Glaubens. In ihr verhält sich der Glaube kritisch zu sich selbst. Nicht nur gibt es eine explizite theologische Religionskritik,[76] sondern Theologie als Wissenschaft ist insgesamt als Religionskritik zu verstehen. Es handelt sich bei ihr um die institutionalisierte religiöse Religionskritik des Christentums, die sich in der Moderne ihrerseits zu a-religiösen oder antireligiösen Formen der Religionskritik verhalten muss. Jedenfalls gilt das für die evangelische Theologie in der Moderne.

---

[76] Vgl. HANS-JOACHIM KRAUS, Theologische Religionskritik, Neukirchen-Vluyn 1982; GREGOR MARIA HOFF, Religionskritik heute, Kevelaer ²2010, 119 ff.

Theologische Religionskritik kann unter den Bedingungen der Moderne nicht einfach aus der Binnenperspektive des Glaubens geübt werden, sondern diese Binnenperspektive muss sich ausdrücklich zu den unterschiedlichen Außenperspektiven ins Verhältnis setzen. Die Aufgabe besteht nicht darin, eine Außenperspektive in die Binnenperspektive zu integrieren, sie also von einer Außenperspektive zu einem Moment der Binnenperspektive zu transformieren und damit als Außenperspektive zu beseitigen. Die Herausforderung liegt vielmehr darin, die Außenperspektive am Ort der Binnenperspektive so zur Sprache zu bringen, dass das Andere zur eigenen Perspektive als dieses gewahrt bleibt. Dabei setzt sich Theologie, wenn sie es ernst meint, immer wieder selbst aufs Spiel, weil ihr Nachdenken über Gott nicht mit der fraglosen Gewissheit seines Seins, sondern mit seinem Strittigsein konfrontiert.

Außerdem hat Theologie als religiöse Religionskritik zu bedenken, dass das Christentum nur im Plural von Christentümern existiert und dass es selbst innerhalb der verschiedenen Christentümer eine Pluralität von Perspektiven oder Gesamtinterpretationen des christlichen Glaubens und seines Verhältnisses zu anderen Religionen oder Weltanschauungen gibt. Religiöse Religionskritik bedeutet daher, dass auch diese anderen Perspektiven christlichen Glaubens auf sich selbst, das heißt aber auch die Pluralität der Theologien, innerhalb einer konkreten Gestalt von Theologie thematisch werden. Das ist keineswegs immer eine harmonische Veranstaltung, in der sich die unterschiedlichen Sichtweisen des Christentums wechselseitig bereichern, sondern hier werden auch wechselseitig Einsprüche laut. Theologie als religiöse Religionskritik bearbeitet Erfahrungen von Differenz, und zwar auch Erfahrungen von solchen Differenzen, die sich – zumindest bis auf weiteres – nicht in einem Konsens aufheben lassen. Eine theologische Hermeneutik des Einspruchs setzt sich mit den von anderer Seite erhobenen Einsprüchen nicht bloß deshalb auseinander, um sie als unbegründet zu widerlegen, sondern um sie als Anstoß zur Selbstprüfung und Selbstkritik zu hören.

Religiöse Religionskritik im Sinne der Bereitschaft zur Selbstkritik ist ein unaufgebbares Moment von öffentlicher Religion[77] und öffentlicher Theologie. Der Begriff Öffentliche Theologie oder *public theology* ist in den USA von Ronald Thiemann, Max Stackhouse, Don Browning und David Tracy in die Diskussion eingeführt worden, in Großbritannien von Duncan Forrester und Will Storrar, in Südafrika von John de Gruchy und Dirkie Smit, in Deutschland von Wolfgang Huber und Jürgen Moltmann.[78] Der evangelische Theologe Wolfgang Vögele definiert öffentliche Theologie als »die Reflexion des Wirkens und der Wirkungen des Christentums in der Öffentlichkeit in die Gesellschaft hinein«. Sie ist für Vö-

---

[77] Vgl. José Casanova, Public Religions in the Modern World, Chicago 1994; Karl Gabriel (Hg.), Religionen im öffentlichen Raum. Perspektiven für Europa (Jahrbuch für Christliche Sozialwissenschaften 44), Münster 2003; Christian Polke, Öffentliche Religion in der Demokratie. Eine Untersuchung zur weltanschaulichen Neutralität des Staates (Öffentliche Theologie 24), Leipzig 2009.

[78] Vgl. Heinrich Bedford-Strohm, Öffentliche Theologie in der Zivilgesellschaft, in: Ingeborg Gabriel (Hg.), Politik und Theologie in Europa. Perspektiven ökumenischer Sozialethik, Ostfildern 2008, 340–366, hier 344. Siehe u. a. Wolfgang Huber, Kirche und Öffentlichkeit, München ²1991; Max L. Stackhouse, Public Theology and Political Economy: Christian Stewardship in Modern Society, Grand Rapids, Mich. 1987; Deidre King Hainsworth/Scott R. Paeth (Hg.), Public Theology for a Global Society. Essays in Honor of Max L. Stackhouse, Grand Rapids, Mich. 2009; Jürgen Moltmann, Gott im Projekt der modernen Welt. Beiträge zur öffentlichen Relevanz der Theologie, Gütersloh 1997.

gele sowohl »die Kritik und die konstruktive Mitwirkung an allen Bemühungen der Kirchen, der Christen und Christinnen, dem eigenen Öffentlichkeitsauftrag gerecht zu werden, als auch die orientierend-dialogische Partizipation an den öffentlichen Debatten, die unter Bürgern und Bürgerinnen über Identität, Ziele, Aufgaben und Krisen dieser Gesellschaft geführt werden«[79].

Ein wichtiges Thema öffentlicher Theologie wie auch der gegenwärtigen zivilgesellschaftlichen Diskurse ist die Rolle von Religion in der modernen Gesellschaft. Nach einer vielzitierten Formulierung Ernst-Wolfgang Böckenfördes lebt der »freiheitliche, säkularisierte« – und das heißt eben pluralistisch verfasste – Staat »von Voraussetzungen, die er selbst nicht garantieren kann«[80]. »Als freiheitlicher Staat kann er«, wie Böckenförde ausführt, »nur bestehen, wenn sich die Freiheit, die er seinen Bürgern gewährt, von innen her, aus der moralischen Substanz des Einzelnen und der Homogenität der Gesellschaft, reguliert«[81], ohne diese Regulierungskräfte durch rechtliche Sanktionen erzwingen zu können. Böckenförde deutet die Situation des modernen Staates freilich noch mittels des Säkularisierungsbegriffs und unterstellt eine Homogenität, die stillschweigend aus der mehrheitlichen Zuge-

---

79 WOLFGANG VÖGELE, Menschenwürde zwischen Recht und Theologie. Begründungen von Menschenrechten in der Perspektive öffentlicher Theologie (Öffentliche Theologie 14), Gütersloh 2000, 23 f. Vgl. schon DERS., Zivilreligion in der Bundesrepublik Deutschland (Öffentliche Theologie 5), Gütersloh 1994, 418 ff.

80 ERNST-WOLFGANG BÖCKENFÖRDE, Die Entstehung des Staates als Vorgang der Säkularisation, in: DERS., Recht, Staat, Freiheit. Studien zur Rechtsphilosophie, Staatstheorie und Verfassungsgeschichte (stw 914), Frankfurt a. M. 1991, 92–114, 112 (im Orig. kursiv).

81 Ebd.

hörigkeit der Bürgerinnen und Bürger zum Christentum abgeleitet wird.[82] Doch eben dies versteht sich in der multikulturellen und multireligiösen Situation heutiger Gesellschaften nicht mehr von selbst, wie z. B. die Diskussion in Deutschland um den Begriff einer Leitkultur zeigt. Ob die pluralistische Demokratie oder auch das Konzept einer Zivilgesellschaft in jedem Fall auf irgendeine Form von Religion, d. h. eine Form der Zivilreligion angewiesen bleibt, ist aber umstritten.[83]

Umgekehrt stellt sich die Frage, wie pluralismusfähig die Religionen sind, d. h. in welchem Maße sie in der Lage sind, sich der Moderne zu öffnen, ohne ihre Substanz preiszugeben und ihre Kritikfähigkeit einzubüßen. Das gilt insbesondere für die monotheistischen Religionen, deren Bekenntnis zu dem einen und einzigen Gott traditionellerweise zur Behauptung eines exklusiven Geltungsanspruchs für die eigene Religion führt.

Die Religionen sind deshalb herausgefordert, sich produktiv mit der konfliktträchtigen Konkurrenz religiöser Geltungsansprüche und ihrer grundsätzlichen Relativierung in modernen pluralistischen Gesellschaften auseinanderzusetzen. Steht im Hintergrund der Überlegungen Böckenfördes die Frage, wieviel Religion der säkulare Staat braucht,[84] so stellt sich heute mit gleichem Recht die umgekehrte Frage,

---

[82] Vgl. BÖCKENFÖRDE, Entstehung, 115 f.

[83] Vgl. dazu HANS DIEKMANN, Religion – eine Überlebensbedingung freiheitlicher Demokratie?, in: ALFRED E. HIEROLD/ERNST JOSEF NAGEL (Hg.), Kirchlicher Auftrag und politische Friedensgestaltung (FS Ernst Niermann), Kohlhammer, 1995, 35–48.

[84] Vgl. auch WOLFGANG THIERSE (Hg.), Religion ist keine Privatsache, Düsseldorf 2000.

wieviel Religion der moderne demokratische und weltanschaulich plurale Rechtsstaat verträgt.[85]

Zur Pluralismusfähigkeit der Religionen gehört in jedem
Fall die Anerkennung der Religionsfreiheit durch die Religionen selbst – d. h. aber auch die Anerkennung des Rechts auf
Religionsübertritt und der Abkehr von jeder Religion überhaupt! – sowie die Bejahung der repräsentativen Demokratie,
des weltanschaulich neutralen Rechtsstaats und damit der
Trennung von Staat und Religion. Wollen sich Theologie und
Kirche am gesellschaftlichen und politischen Diskurs betei-
ligen, können sie weder für die von ihnen vertretenen ethischen Grundhaltungen noch für materialethische Hand-
lungsempfehlungen einen Monopolanspruch erheben. In
politischen Fragen können sie ebenso irren wie andere gesellschaftliche Kräfte. Auch wenn die Beteiligung von Theologie
und Kirche an gesellschaftlichen Prozessen der Meinungsbil-
dung in unseren Breitengraden nach wie vor erwünscht ist,
wird ihnen doch längst nicht mehr die Rolle einer letzten
Entscheidungsinstanz zugewiesen. So kann ein theologischer
Standpunkt im politischen Bereich auch nur als einer neben
anderen vertreten werden. Das entbindet Theologie und Kirche freilich nicht von der Aufgabe, die Verbindlichkeit des
Glaubens für das individuelle Leben und die Gestaltung der
Gesellschaft ernst zu nehmen, besteht doch andernfalls die
Gefahr der »Selbstsäkularisierung«[86]. Nur eine Kirche, »die ihres eigenen Auftrags neu gewiß wird, kann auch ihren Ort in
der Gesellschaft überzeugend wahrnehmen.«[87]

---

[85] Vgl. ROLF SCHIEDER, Wieviel Religion verträgt Deutschland?, Frankfurt a. M.
2001.

[86] Huber, Kirche, 10.

[87] A. a. O., 312.

3.2 Theologischer Religionsbegriff und Religionskritik

Wenn Theologie als religiöse Religionskritik charakterisiert wird, fragt sich allerdings sogleich, welcher Begriff von Religion und welche Maßstäbe für die Kritik von Religion zugrunde gelegt werden. Ich möchte die These vertreten, dass Fundament und Maßstab von Theologie nicht ein allgemeiner Begriff von Religion ist, sondern das Evangelium von Jesus Christus als Bezeugung der letztgültigen Selbstoffenbarung Gottes. Es ist nun aber nach biblischem Zeugnis Gott selbst, der alle Religion der Kritik unterzieht, weil auch jede Form der Religion oder der Frömmigkeit Gegenstand seines endzeitlichen Gerichtes ist. Das Kommen Gottes in diese Welt führt zur fundamentalen Krise aller Religion einschließlich des Christentums und einschließlich aller Theologien. Kurz: am Christusgeschehen orientierte religiöse Religionskritik ist letztlich eschatologisch begründet. Mit Bedacht rufe ich mit solchen Aussagen die religionskritischen Einsichten jener theologischen Aufbruchsbewegung nach dem Ersten Weltkrieg in Erinnerung, die als Dialektische Theologie in die Geschichte eingegangen ist.

Zwar kann auf den Religionsbegriff theologisch nicht verzichtet werden, doch ist zunächst zwischen Religion und Gottesglaube zu unterscheiden. Heutige Formen neuer Religiosität sind oftmals eine Religion ohne personhafte Gottesvorstellung. Sie rechnen mit kosmischen Energien und Kraftfeldern, die man spirituell anzapfen kann, nicht aber mit einem personhaften Gott, der den Menschen als verantwortliches Gegenüber geschaffen hat. Wichtige Strömungen, die als neue Religiosität bezeichnet werden, laufen auf einen Pantheismus oder Monismus hinaus, der kein Gegenüber von

Gott und Welt, Schöpfer und Schöpfung kennt, sondern nur ein kosmisches Einheitsprinzip. Umfragen zeigen, dass auch unter Kirchenmitgliedern solche neureligiösen Vorstellungen anzutreffen sind, während man dem Glauben an einen personhaften Gott mit wachsendem Unverständnis begegnet. Die Wiederkehr der Religion, besser gesagt das neu erwachende Interesse an Religion, kann im Einzelfall ebenso sehr Ausdruck der Gottsuche wie des Gottesverlustes sein. Umgekehrt kann ein Gewohnheitsatheist Gott näher sein als so mancher, der sich für religiös hält. Insofern ist Religion in theologischer Hinsicht ein ambivalentes Phänomen.

Der Glaube an Gott und die Rede von ihm sind ebensowenig unabdingbar wie die Frage nach Gott.[88] Wohl mag es sein, dass der Mensch nicht umhin kann, nach Sinn zu fragen. Die Frage nach dem Sinn des Lebens ist aber nicht einfach mit der Gottesfrage identisch. Und nicht alle Antworten auf die Sinnfrage lassen sich als religiös bezeichnen. Religion ist eine Möglichkeit neben anderen, aber nicht die einzige, Sinnfragen und Erfahrungen von Sinnwidrigkeiten zu bearbeiten.

Bei vielen neuzeitlichen Versuchen, von Gott auf Religion als Leitthema der Theologie umzuschalten, bleibt durchaus unklar, ob die Unvermeidbarkeit von Religion behauptet und aus ihr die Unvermeidbarkeit des menschlichen Gottesbezuges abgeleitet werden soll, oder ob aus der vom christlichen Glauben behaupteten Unvermeidbarkeit Gottes – jedenfalls für gebildete Menschen – die Unvermeidbarkeit von Religion abgeleitet werden soll. Weder das eine noch das andere trifft zu.[89] Davon abgesehen darf die vom Glauben behauptete

---

[88] Siehe dazu ausführlich Ulrich H. J. Körtner, Der verborgene Gott. Zur Gotteslehre, Neukirchen-Vluyn 2000.

[89] Vgl. dazu Ingolf U. Dalferth, Notwendig religiös? Von der Vermeidbarkeit

Unausweichlichkeit Gottes nicht mit der Unausweichlichkeit der Frage nach Gott verwechselt werden. Das ist die theologische Begründung für die Bestreitung der These, Religion gehöre unauflöslich zum Wesen des Menschen.

Die Vertreter der Dialektischen Theologie haben sich von der positiven Verwendung des Religionsbegriffs in der neuprotestantischen Theologie seit Schleiermacher scharf abgesetzt und die Alternative zwischen dem von Gott gewirkten Glauben und jeglicher Religion als einer menschlichen Aktivität aufgestellt.[90] Namentlich Karl Barth hat die Theologie nicht länger als Funktion von Religion, sondern als Fuktion der Kirche bestimmt und alle Formen menschlicher Religiosität einschließlich des auch von ihm als Religion bezeichneten Christentums einer gewissermaßen religiösen Religionskritik unterzogen. Denn der aktuale Glaube als Antwort auf das Wort Gottes und die von ihm bezeugte Selbstoffenbarung Gottes in Jesus Christus wird nicht nur von Religion im Allgemeinen, sondern auch vom Christentum als einer Erscheinung menschlicher Geschichte trennscharf unterschieden.

Seine »Religionstheologie« in der »Kirchlichen Dogmatik« beginnt bekanntermaßen mit der schroffen These: »Religion ist Unglaube; Religion ist eine Angelegenheit, man muß geradezu sagen: die Angelegenheit des gottlosen Menschen.«[91]

---

der Religion und der Unvermeidbarkeit Gottes, in: FRITZ STOLZ (Hg.), Homo naturaliter religiosus. Gehört Religion notwendig zum Mensch-Sein? (Studia religiosa Helvetica 3), Bern u. a. 1997, 193–218.

90 Die folgenden Passagen sind entnommen aus: ULRICH H. J. KÖRTNER, Wiederkehr der Religion? Das Christentum zwischen neuer Spiritualität und Gottvergessenheit, Gütersloh 2006, 82 ff.

91 KARL BARTH, Die Kirchliche Dogmatik I/2, Zollikon/Zürich ⁴1948, 327 (Kursivierungen im Orig. gesperrt).

Sogleich stellt Barth klar, dass es sich bei diesem Satz um »kein religionswissenschaftliches und auch kein religionsphilosophisches Urteil« handelt, »das in irgendeinem negativen Vorurteil über das Wesen der Religion seinen Grund hätte. Es soll nicht nur irgendwelche andere mit ihrer Religion, sondern es soll auch und vor allem uns selbst als Angehörige der christlichen Religion treffen. Es formuliert das Urteil der göttlichen Offenbarung über alle Religion.«[92] Das bedeutet nun allerdings keineswegs, dass Barth den Religionsbegriff als theologische Kategorie aufgegeben hätte. Er hat allerdings nicht länger die Funktion eines theologischen Leitbegriffes. Diese wird von den Termini »Wort Gottes« und »Selbstoffenbarung Gottes« übernommen. Sie bezeichnen bei Barth die Instanz einer theologischen Letztbegründung, die keiner äußeren Rechtfertigung mehr bedarf, sondern im Geschehen des Glaubens unmittelbare Evidenz gewinnt.

Das hindert Barth freilich nicht daran, den Religionsbegriff theologisch zu verwenden. Insofern ist es irreführend, wenn man der Barthschen Theologie mangelnde Anschlussfähigkeit oder hermetische Unzugänglichkeit vorwirft. Sehr wohl und bewusst bezieht sich Barth auf die neuprotestantische Problemlage, deutet aber den Religionsbegriff in bezeichnender Weise um. Hierbei schließt er nicht an die durch Schleiermacher aufgebrachte Unterscheidung zwischen natürlicher und positiver Religion, sondern an die altprotestantische Unterscheidung zwischen wahrer und falscher Religion an.

> »Keine Religion ist wahr. Wahr, d. h. entsprechend dem, als was sie
> sich gibt und wofür sie gehalten sein will, kann eine Religion nur

---

[92] Ebd.

werden, und zwar genau so, wie der Mensch gerechtfertigt wird, nur von außen.«[93]

Theologisch verwendbar bleibt der Religionsbegriff für Barth also, sofern er mit der Thematik der Rechtfertigungslehre verknüpft wird.

> »Es gibt eine wahre Religion: genau so, wie es gerechtfertigte Sünder gibt. Indem wir streng und genau in dieser Analogie bleiben – und sie ist mehr als eine Analogie, sie ist im umfassenden Sinn die Sache selbst, um die es hier geht – dürfen wir nicht zögern es auszusprechen: die christliche Religion ist die wahre Religion.«[94]

Die Implikationen und Konsequenzen dieser Argumentation sollen hier nicht weiter verfolgt werden. Uns interessiert an dieser Stelle nur, dass und wie von der Thematik des Wortes Gottes aus die Religionsthematik bei Barth keineswegs nur in Abgrenzung vom Neuprotestantismus, sondern sehr wohl auch positiv aufgegriffen wird.

Der »undogmatische« Religionsbegriff »liberaler« Theologie steht im Hintergrund der Überlegungen Dietrich Bonhoeffers zur Religionskritik gegen Ende seines kurzen Lebens, zu einem vermeintlich heraufziehenden religionslosen Zeitalter, zur Möglichkeit eines religionslosen Christentums sowie einer nicht-religiösen Interpretation biblischer Begriffe.[95] Bonhoeffer verfolgt die Spur einer theologischen Rezeption der Religionskritik Feuerbachs und Nietzsches, die von Barth eingeleitet wurde. Religion steht bei Bonhoeffer für eine fragwürdig gewordene Metaphysik und eine individua-

---

93 Barth, KD I/2, 356.

94 A. a. O., 357.

95 Vgl. Bonhoeffer, Widerstand und Ergebung, 401 ff. 413 ff. 509 ff. 529 ff. 535 ff.

listische, weltflüchtige Erlösungsreligion. Bonhoeffers Prognose eines religionslosen Zeitalters und seine Suche nach einer religionslosen Gestalt des Christentums hat viel Widerspruch hervorgerufen. Die Kritik betrifft nicht nur Bonhoeffers Verwendung des Religionsbegriffs, sondern auch seine Sicht der mündigen Welt. »Uns Heutigen«, so urteilt beispielsweise der Praktische Theologe Wilhelm Gräb, »muß diese Kommunikation über Religion ziemlich abwegig erscheinen. Uns ist die Rede von einem rational mündigen Menschen, der diese Mündigkeit in Wissenschaft und Technik, Politik und Recht, Bildung und Erziehung gewinne und beweise, sie in der Religion jedoch aufgebe, nicht mehr nachvollziehbar.«[96]

Wenn Gräb demgegenüber Religion zum festen, wenngleich in höchst pluraler und oftmals nachchristlicher Gestalt in Erscheinung tretenden Bestandteil moderner Kultur bzw. der unterschiedlichen Alltagskulturen erklärt, gelingt dies nur um den Preis, dass die religionssoziologisch beschriebenen Phänomene von Religionslosigkeit und Gewohnheitsatheismus[97] zugunsten von »religionsproduktiven Tendenzen«[98] der fortgeschrittenen Moderne abgeschattet werden. Möglich ist dies außerdem nur deshalb, weil Gräb die Religionsthematik auf die Sinnfrage bezieht und unter Religion »die Kultur der Symbolisierung letztinstanzlicher Sinnhorizonte alltagsweltlicher Lebensorientierung« ver-

---

[96] WILHELM GRÄB, Lebensgeschichten – Lebensentwürfe – Sinndeutungen. Eine Praktische Theologie gelebter Religion, Gütersloh 1998, 41.

[97] Vgl. DETLEF POLLACK, Zur religiös-kirchlichen Lage in Deutschland nach der Wiedervereinigung. Eine religionssoziologische Analyse, in: ZThK 93 (1996), 586–615; WOLF KRÖTKE, Der Massenatheismus als Herausforderung der Kirche in den neuen Bundesländern, in: WJTh 2 (1998), 215–228.

[98] GRÄB, Lebensgeschichten, 32.

steht.[99] Bezeichnenderweise greift er einerseits auf die kultursoziologische Theorie Gerhard Schulzes zurück[100] und will doch andererseits nicht akzeptieren, dass Schulze nicht jede Form von lebensorientierender Grundeinstellung als Religion bezeichnet, sondern stattdessen lieber von »Lebensphilosophien« oder »persönlicher Grundeinstellung« spricht.[101]

Dass das Christentum Religion ist, lässt sich ebenso wenig bestreiten wie die Tatsache, dass dieses in der ausdifferenzierten modernen Gesellschaft nicht nur in seiner kirchlichen Gestalt vorkommt. Dietrich Rössler hat die plausible Unterscheidung zwischen kirchlichem, gesellschaftlichem und individuellem oder privatem Christentum aufgestellt.[102] Tendenzen der Distanzierung von der Kirche oder der Entkirchlichung bedeuten darum religionssoziologisch noch keineswegs eine radikale Entchristlichung der Gesellschaft und ihrer Individuen. Wenn aber Phänomene einer Religionslosigkeit, die sich selbst als solche versteht, entgegen deren eigener Auslegung zu einer Form von unsichtbarer Religion umgedeutet werden,[103] geschieht dies erkennbar in apologetischer Absicht.

Auch was die von Rössler als gesellschaftliches Christentum bezeichnete Gestalt christlicher Religion betrifft, lässt sich eine Wechselwirkung zwischen Entchristlichung und dem Funktionsverlust kirchlichen Christentums und seiner

---

99 A. a. O., 51.

100 Vgl. Gerhard Schulze, Die Erlebnisgesellschaft. Kultursoziologie der Gegenwart, Frankfurt a. M. ²1992.

101 Vgl. Gräb, Lebensgeschichten, 50 ff.

102 Vgl. Dietrich Rössler, Grundriß der Praktischen Theologie, Berlin/New York ²1993, 90 ff.

103 Vgl. Thomas Luckmann, Die unsichtbare Religion (stw 947), Frankfurt a. M. 1991.

Institutionen nicht verleugnen. »Sie ist zum einen daran zu erkennen, daß die ›latente Kirche‹ die inneren Entfremdungsprozesse nicht hat aufhalten können, zum anderen an dem massiven Substanzverlust des christlichen Glaubens, der in den letzten Jahren das Kirchenvolk selbst ergriffen hat – bei fortbestehendem gesellschaftlichen Einfluß kirchlicher Institutionen.«[104] Wieweit die »kirchlich-dogmatische Phraseologie«[105] diesen Substanzverlust zumindest mitverursacht hat, wäre gesondert zu diskutieren. Auch dass die Wort-Gottes-Theologie nicht gegen die Gefahr gefeit war, in einem binnenkirchlichen Jargon zu erstarren, soll nicht in Abrede gestellt werden. Es sei aber daran erinnert, dass gerade die Erfahrung der Sprachnot des Glaubens und der Predigtnot zu den entscheidenden Motiven der Entstehung der dialektischen Theologie gehörten.[106]

Fraglich ist aber auch, inwiefern ein singularischer und theologisch-normativer Religionsbegriff der Pluralität und Partikularität konkreter Religionen gerecht wird.[107] Im Übrigen erfassen die sozioökonomischen Folgen der Moderne und ihrer fortwährenden Modernisierungsschübe inzwischen

---

[104] LANGE, Glaubenslehre I, 10.

[105] GRÄB, Lebensgeschichten, 32.

[106] Vgl. KARL BARTH, Not und Verheißung der christlichen Verkündigung (1923), in: DERS., Vorträge und kleinere Arbeiten 1922–1925, hg. v. H. Finze (GA III), Zürich 1990, 65–97, 70; EDUARD THURNEYSEN, Abschied, in: ZZ 11 (1933), 544–551, 546 (auch in: MOLTMANN [Hg.], Anfänge II, 321–328, 323); FRIEDRICH GOGARTEN, Gericht oder Skepsis. Eine Streitschrift gegen Karl Barth, Jena ²1937, 7 (auch in: MOLTMANN [Hg.], Anfänge II, 331–337. Siehe aber auch BONHOEFFER, Widerstand und Ergebung, 327 f.

[107] Vgl. dazu auch UDO TWORUSCHKA, Selbstverständnis, Methoden und Aufgaben der Religionswissenschaft und ihr Verhältnis zur Theologie, in: ThLZ 126 (2001), 123–137, 126.

sämtliche Religionen, und zwar auch außerhalb Europas und Nordamerikas. Nicht nur dem Christentum, sondern auch den anderen Religionen wird eine Transformation zugemutet, »die ihre Existenz gefährdet und zu der es keine geschichtlichen Parallelen gibt. Das bleibt der Wahrheitskern in Bonhoeffers irriger Annahme, daß wir einer völlig religionslosen Zeit entgegengehen.«[108]

Theologisch wie humanwissenschaftlich und religionssoziologisch ist nun aber auch auf die Ambivalenz jeglicher Religion hinzuweisen. Geschichte und Gegenwart sind reich an bedrückenden Beispielen für religiöse Herrschaftsansprüche, religiösen Fanatismus und religiöse Zwietracht und Intoleranz. Eine zur »Religionshermeneutik«[109] erweiterte Theologie bedarf daher theologischer Kriterien für den Umgang mit den Ambivalenzen des Religiösen, von denen auch das Christentum nicht ausgenommen ist. Ob »Lebensdienlichkeit« ein hinreichendes Kriterium ist, darf bezweifelt werden, bedarf doch gerade der schillernde Begriff des Lebens einer gründlichen – und zwar auch theologischen! – Klärung.[110] Und ebenso bedarf auch eine Religionshermeneutik, wenn sie denn wirklich Theologie und nicht eine Kulturtheorie der Religion sein will, einer theologischen Fundierung und Kriteriologie.

Die Fragestellung einer hermeneutischen Theologie ist in diesem Sinne bereits von Gerhard Ebeling erweitert worden, indem er einerseits das Christentum konsequent als Religion interpretiert und andererseits nach der Bedeutung des christ-

---

[108] GERHARD EBELING, Religionslose Welt? Religionsloses Christentum? (1980), in: DERS., Wort und Glaube IV, Tübingen 1995, 44–54, 46 f.

[109] GRÄB, Lebensgeschichten, 39 ff.

[110] Vgl. dazu EBELING, Dogmatik I, 89 ff.

lichen Glaubens für die Existenz von Religion gefragt hat. Ein dezidiert theologischer Zugang zum Phänomen der Religion(en) und zu seinen Ambivalenzen ist nach Ebeling über den im Evangelium zentrierten Glauben zu finden bzw. über die rechte Unterscheidung und gleichzeitige Zuordnung von Evangelium und Religion. Sie gewinnt bei Ebeling ihr Gewicht zurück, das sie bei Barth und Bonhoeffer hatte, wenngleich mit anderer Nuance.

> »Die Unterscheidung zwischen Evangelium und Religion darf keinesfalls dazu dienen, das Christentum offenbarungspositivistisch und pauschal als die göttliche Wahrheit den Religionen als bloßem Menschenwerk entgegenzusetzen. Die Unterscheidung zwischen Evangelium und Religion intendiert vielmehr in erster Linie eine christliche Selbstkritik am Maßstab des Evangeliums.«[111]

Doch darf die notwendige Unterscheidung zwischen Evangelium und Religion nicht auf ihre Scheidung hinauslaufen.[112]

Alle Religionen einschließlich des Christentums in seiner Gesamtheit – ganz zu schweigen von der Vielfalt seiner Konfessionen und Denominationen – bleiben trotz ihres universalen Geltungsanspruches und ihrer teilweise missionarischen Ausrichtung partikular. Das Evangelium bzw. die Botschaft des Glaubens – Bultmann sprach bekanntlich vom Kerygma – transzendiert jedoch die Partikularität des Christentums zur universalen Menschlichkeit hin.[113] Christlicher Glaube deutet dies nach Ebeling so, dass alle Religion darin zu ihrer Erfüllung gebracht wird, was aber keine religionswissenschaftlich-empirische Aussage ist und auch nicht die

---

[111] EBELING, Religionslose Welt?, 52.

[112] Vgl. auch GERHARD EBELING, Evangelium und Religion (1976), in: DERS., Wort und Glaube IV, 27–43.

[113] Vgl. EBELING, Religionslose Welt?, 53.

Möglichkeit ausschließt, dass auch andere Religionen an der christlicherseits mit dem Evangelium in Verbindung gebrachten Erfüllung der Religion auf verborgene Weise partizipieren. Nur sofern sie dem Evangelium gemäß in Gebrauch genommen wird, darf die christliche Religion nach Ebeling als »die zur Wahrheit gebrachte Religion« gelten.[114]

Ebeling als führender Vertreter einer hermeneutischen Theologie, die aus der Dialektischen Theologie hervorgegangen ist, macht deutlich, dass die bloße Antithese von Evangelium, Wort Gottes oder Kerygma auf der einen und Religion auf der anderen Seite in theologische Sackgassen führt.[115] Insofern verdient es Beachtung, dass beispielsweise Albrecht Grözinger als Vertreter des Konzeptes einer Theologie der gelebten Religion ausdrücklich die Brücke zum theologischen Ansatz der Dialektischen Theologie schlagen will, »deren Geltungsanspruch – davon bin ich überzeugt – auch im 21. Jahrhundert nicht erloschen ist«[116].

Mag Religion bzw. gelebte Religion ein unaufgebbarer Bezugsbegriff christlicher Theologie sein, so verweist demgegenüber die fundamentaltheologische Kategorie des Wortes Gottes bzw. des Kerygmas auf die Begründungsebene theologischer Aussagen. Hinter diese durch die verschiedenen Schulen der Wort-Gottes-Theologie entfaltete Grundeinsicht darf die Theologie nicht zurückfallen, wenn sie im präzisen Sinne des Wortes Theologie bleiben will.

---

[114] A. a. O., 54.

[115] Vgl. ebd.

[116] ALBRECHT GRÖZINGER, Orte, in: GEORG LÄMMLIN/STEFAN SCHLOPP (Hg.), Praktische Theologie der Gegenwart in Selbstdarstellungen (UTB 2213), Tübingen/Basel 2001, 257–274, 272.

Christliche Theologie muss es auch heute wagen, von
Gott zu reden, nicht nur über irgendwelche »Gottesgedanken« als Restbestände einer Religionskultur, deren Schwund-
stufen offenbar die ganze Hoffnung einer neuen Generation
von »Kulturprotestanten« sind.[117] Sie unternimmt das Wag-
nis, menschliche Lebenswelt im Licht der Gottesrede zu interpretieren, und versetzt damit potentiell alle Menschen in
die Teilnehmerperspektive, insofern sie ihrer aller »Betroffenheit« durch die biblisch begründete Gottesrede einsichtig zu
machen versucht. Das aber wird nicht schon dadurch erreicht, dass überhaupt und allgemein von Gott gesprochen
wird, sondern dadurch, dass – ausgehend von den biblischen
Texten – das Angegangensein des Menschen und seiner Le-
benswirklichkeit durch Gott konkret beschrieben wird.

Theologie als religiöse Religionskritik besteht nun freilich
in der selbstkritischen Prüfung christlicher Gottesrede. Diese
hat sich nicht nur gedanklich zu bewähren, sondern vor allem in der gelebten Solidarität mit den anderen, insbesondere
den Leidenden und Entrechteten, soll der Glaube etwas anderes als eine Form des Heilsegoismus sein. Zu dieser Solidarität
gehören aber auch das Gebet, die Fürbitte und die Klage als
elementarste Form der Gottesrede. So verortet, ist alles Reden
von Gott wenn nicht schon wahr, so doch im besten Fall
wahrhaftig. Und es sollte von Gott nicht mehr gesagt werden,
als sich angesichts seiner Strittigkeit und der sich immer wie-

---

[117] Vgl. dazu auch Ulrich H. J. Körtner, Hermeneutische Theologie. Zugänge
zur Interpretation des christlichen Glaubens und seiner Lebenspraxis,
Neukirchen-Vluyn 2008, 19–33; Ders., Mut machen, von Gott zu reden.
Gute Theologie im Spannungsfeld zwischen Wort Gottes und gelebter
Religion, in: Wolfgang Huber (Hg.), Was ist gute Theologie?, Stuttgart
2004, 77–87.

der einstellenden Anfechtung des Glaubens redlich vertreten lässt. Daher mündet auch das theologische Nachdenken über Gott am Ende in das Gebet, welches zu allen Aussagen über Gott das Amen spricht: »Amen, das ist: es werde wahr« (Luther).[118]

3.3 REVITALISIERUNG UND REPOLITISIERUNG VON RELIGION

Glaubt man prominenten Religionssoziologen und Theologen, dann hat sich der evangelische Theologe und Märtyrer Dietrich Bonhoeffer mit seiner These, Europa ginge einem völlig religionslosen Zeitalter entgegen, gründlich geirrt. Demnach wäre die Säkularisierung nur ein moderner Mythos. Peter L. Berger zum Beispiel diagnostiziert weltweit eine »Desäkularisierung«, und der katholische Pastoraltheologe Paul M. Zulehner spricht gar von einem »Megatrend Religion« oder einem »Megatrend Spiritualität«. Nüchtern betrachtet besteht jedoch Anlass zur Skepsis. Manche Trendforscher, Religionssoziologen und Pastoraltheologen beschreiben nicht etwa eindeutig vorhandene Phänomene, sondern erzeugen sie allererst durch ihre Deutung. Erkenntnis und Interesse bilden eine manchmal schwer durchschaubare Melange.

Bei aller Skepsis gegenüber der These vom Megatrend Religion gilt es jedoch zu differenzieren. Denn neben anhaltenden Säkularisierungstendenzen gibt es innerhalb und außerhalb Europas gegenläufige Tendenzen zur Revitalisierung

---

[118] MARTIN LUTHER, Vater unser im Himmelreich (EG 344,9).

traditioneller Religionen. Im Vordergrund der öffentlichen Wahrnehmung stehen vor allem der wiedererstarkende Islam und die Angst vor islamistischem Terror. Der französische Religionssoziologe Gilles Kepel prophezeit, die Zukunft des Islam sei vor allem mit dem Schicksal der europäischen Muslime verbunden. Daher werde sich die kulturelle, religiöse und politische Auseinandersetzung mit dem Islam zum großen Teil in Europa abspielen.[119]

Die vieldiskutierte Wiederkehr der Religion zeigt hier ein ganz anderes Gesicht: Nicht dasjenige einer individualistischen Sinnsuche und eines postsäkularen Synkretismus, der sich letztlich den Marktgesetzen westlich-kapitalistischer Gesellschaften anpasst, sondern dasjenige eines gewaltbereiten Protestes gegen westliche Gesellschaftsformen und ihre Kultur. Nicht minder beunruhigend und scharf zu verurteilen sind Anschläge auf Moscheen oder islamische Schulen, die sich zum Beispiel in den Niederlanden nach der Ermordung van Goghs 2004 ereignet haben.

Neben dem islamischen Fundamentalismus dürfen auch der christliche Fundamentalismus protestantischer Spielart, christlich-charismatische Bewegungen, Spielarten eines jüdischen Fundamentalismus und auch restaurative Tendenzen in der katholischen Kirche nicht übersehen werden, die hinter dem Programm einer Rechristianisierung Europas stehen. Wir haben diese Phänomene bereits im ersten Kapitel als Repolitisierung der Religion und als Versuche einer Retheologisierung der Politik bezeichnet.

Wer den islamischen Fundamentalismus einschließlich seiner militanten Spielarten kritisiert, sollte sich auch mit

---

[119] GILLES KEPEL, Die neuen Kreuzzüge. Die arabische Welt und die Zukunft des Westens, München 2005, 297 ff.

dem Einfluss christlich-fundamentalistischer Kreise auf die amerikanische Politik auseinandersetzen. Ergänzend ist auf das Amalgam von Nationalismus und orthodoxen Kirchen auf dem Balkan hinzuweisen. Auch soll bei aller notwendigen Auseinandersetzung mit dem Islamismus nicht vergessen werden, dass es nicht nur in der heutigen arabischen Welt, sondern auch in Europa eine lange Tradition des zum Teil gewaltbereiten Antisemitismus gibt, in dem Elemente eines christlich motivierten Antijudaismus nachwirken.

Ferner darf man nicht übersehen, dass ebenso wie viele Christen auch viele der in Europa lebenden Muslime völlig säkularisiert sind. Der Religionswissenschaftler Peter Antes rechnet für Deutschland mit 58 Prozent säkularisierter Muslime. Weitere 22 Prozent lassen sich nach ihm der Kategorie »Kulturmuslime« zurechnen, die sich zumindest noch an den muslimischen Festtagen und -zeiten orientieren. Lediglich 20 Prozent würden den Islam ernsthaft praktizieren, während die Zahl der extremistisch gesinnten Muslime in Deutschland verschwindend gering sei.[120]

Die religiöse Lage in Europa ist also einigermaßen komplex. Überhaupt sind pauschale Diffamierungen von Religion ebenso problematisch wie das einseitig positive Konstrukt »der Religion«, in deren Namen nun die Repräsentanten der verschiedenen Religionsgemeinschaften sich von religiös motivierter Gewalt distanzieren möchten. Alle Menschen, gleich welcher Religion sie angehören, tun gut daran, sich mit der Zweideutigkeit aller Religion selbstkritisch auseinanderzusetzen. Religion kann segensreich wirken, aber auch zur Quelle von Fanatismus und Verderben werden.

---

[120] Vgl. den Bericht über einen Vortrag von Peter Antes in Wien, Kathpress-Tagesdienst Nr. 236, 8.10.2006, 2–3, hier 2.

Theologisch gesprochen steht jede Religion in der Gefahr, Gott oder das Heilige dämonisch zu verzerren und sich Gottes und seiner Macht bemächtigen zu wollen. Religiös motivierte Gewaltakte zeigen einmal mehr, wie vermessen, ja verbrecherisch es sein kann, wenn Menschen sich anmaßen, im Namen Gottes zu sprechen oder zu handeln. Machtförmige und latent gewaltförmige Rede von Gott ebnet die Differenz zwischen aller Rede von Gott und Gott als ihrem Grund ein, mit der möglichen Folge, alle anderen Formen von Religion zu dämonisieren und zu bekämpfen, statt den Dialog zu suchen. Interreligiöse Dialogbemühungen dürfen sich freilich nicht auf echte oder vermeintliche Konvergenzen der Religionen beschränken, sondern müssen den friedvollen Umgang mit bleibenden Differenzen zum Ziel haben.

3.4 Das Wagnis, von Gott zu reden

Theologie und Kirche sollten sich allerdings fragen, worin eigentlich eine spezifisch theologische und christliche Perspektive auf die religiösen Phänomene und Tendenzen der Gegenwart besteht. Der Auftrag der Kirchen besteht doch grundsätzlich darin, das Evangelium von Jesus Christus zu verkündigen, das immer schon eine enorm religionskritische Kraft entfaltet hat. Zugespitzt formuliert: Es geht nicht um Religion oder um Spiritualität, sondern um Gott. Das Evangelium verheißt nicht »kleine Transzendenzen«, die man im Urlaub oder im Fußballstadium erleben kann, sondern antwortet auf die Frage, was mein einziger Trost im Leben und im Sterben ist, wie es der reformierte Heidelberger Katechismus (1563) ausdrückt. Und das drängende Problem der Kirchen ist nicht der Mangel an irgendwelcher Spiritualität, sondern die Sprachnot des Glaubens, die sich in einer bisweilen erschreckenden Banalisierung christlicher Glaubensinhalte zeigt, die Wolfgang Huber mit Recht als Selbstsäkularisierung der Kirche kritisiert.[121] Die Respiritualisierung, die von manchen als Gegenmittel empfohlen wird, ist in Wahrheit keine Alternative, sondern leistet solcher Selbstsäkularisierung möglicherweise nur weiteren Vorschub.

Gewiss muss das Evangelium von dem menschgewordenen Gott, der Liebe ist, auch den »Religiösen« bezeugt werden. Es gilt aber auch den Religionslosen, denen, die sich selbst wie einst Max Weber oder heute Jürgen Habermas für »religiös unmusikalisch« halten. Ihnen erst einreden zu wollen, dass sie in Wahrheit doch auch alle religiös sind, entspricht der von Paulus scharf zurückgewiesenen Forderung, sogenannte Heiden müssten sich erst beschneiden lassen, das heißt Juden werden, bevor sie Christen werden könnten. Das ist nicht nur theologisch falsch, sondern auch unanständig, wie Dietrich Bonhoeffer zu Recht eingewendet hat. Seine Frage lautete, wie man Christus auch den Religionslosen verkündigen kann. Und diese Frage ist nach wie vor drängend, weil es neben religiösen Neuaufbrüchen in unseren Breitengraden auch einen massenhaften Gewohnheitsatheismus (Wolf Krötke)[122] gibt, dem die Frage nach Gott schlicht abhanden gekommen ist, ohne dass die Menschen irgendetwas zu vermissen glauben.

Dieser Gewohnheitsatheismus arbeitet sich nicht mehr wie noch vor Jahrzehnten der Protestatheismus an der Theodizeefrage ab, sondern lebt ganz selbstverständlich ohne Gott. Nicht, dass der Gewohnheitsatheismus keine Sinnfragen kennen würde. Aber mit dem Tod und anderen Sinnwid-

---

[121] S. o. Anm. 42.
[122] S. o. Anm. 97.

rigkeiten kann man offenbar auch ohne Gott fertig werden, wie schon Bonhoeffer in den vierziger Jahren des vergangenen Jahrhunderts hellsichtig erkannt hat. Sofern also nicht alles und jedes für »religioid« erklärt wird, kann man statt von einem Megatrend Religion mit gleichem Recht von einem Megatrend Gottvergessenheit sprechen.

Nach einer häufig zitierten Definition Rudolf Bultmanns ist Gott »die Alles bestimmende Wirklichkeit«[123]. Insofern gilt allerdings, dass keinem von uns Gott fern ist (Act 17,27), dass er alle Menschen angeht, weil er ihnen nachgeht und sich ihnen auch dann zuwendet, wenn sie sich von ihm abwenden. Zu den epochalen Erfahrungen und Überzeugungen der Moderne gehört allerdings die Abwesenheit des biblisch bezeugten Gottes. Soll dennoch vom Gott der Bibel gesprochen werden, so kann dies scheinbar nur noch im Modus der Rede von seiner Abwesenheit geschehen.

Theologie und Kirche können nicht mehr selbstverständlich davon ausgehen, dass der biblische Gott zumindest im Modus einer offenen und offengehaltenen Frage präsent ist. Aus der Überzeugung, bessere Antworten auf die falsch gestellten Fragen des Christentums gefunden zu haben, speist sich das Selbstbewusstsein der Neuzeit. Nicht nur die christliche Antwort auf die Gottesfrage, sondern sogar diese selbst scheint in Vergessenheit zu geraten. Diese »Gotteskrise« (Johann Baptist Metz)[124] wird durch ein schwammiges Gerede von Religion nur vernebelt, aber nicht behoben.

Unter neuzeitlichen Bedingungen hängt die Möglichkeit, von Gott zu reden, offensichtlich nicht von einer wie auch immer gearteten Frage nach Gott ab, sondern von der Erin-

---

[123] BULTMANN, Sinn, 26.
[124] S. o. Anm. 53.

nerungsspur der biblisch bezeugten Gottesoffenbarung, so gewiss es keinen natürlichen oder evolutionären Weg von einem allgemeinen Religionsbegriff zum Geltungs- und Wahrheitsanspruch jedes wirklichen Monotheismus gibt. Ludwig Wittgensteins grundsätzliche philosophische Feststellung trifft auch auf den biblisch bezeugten Gott zu: »Zu einer Antwort, die man nicht aussprechen kann, kann man auch die Frage nicht aussprechen.«[125] Die Gottesfrage liegt der Offenbarung nicht voraus, sondern wird allererst durch sie in der angemessenen Weise provoziert. Andernfalls lässt sich nicht einmal die Frage nach Gott angemessen stellen.

Die Frage nach Gott kann heute nur gestellt werden, weil vor uns Menschen von Gott geredet und sein Wirken bezeugt haben. Die neutestamentlichen Texte aber tun dies so, dass sie zugleich von Jesus Christus sprechen. Wer verstehen will, welchen Sinn es hat, im christlichen Sinne von Gott zu reden, muss auch die Eigentümlichkeit der Sprachformen und Textsorten beachten, in denen dies geschieht. Die Rede von Gott und die Rede von Jesus als dem Christus bedingen einander wechselseitig. Auf diese Weise gewinnen die Rede von Gott und die Frage nach ihm ihr unverwechselbares christliches Profil. Weder kann von Gott unter Absehung von Christus gesprochen werden, noch von Jesus als dem Christus unter Absehung von Gott und seinem Handeln durch und an ihm. Andernfalls wird Gott mit einem metaphysischen Prinzip gleichgesetzt und die Christologie auf bloße Anthropologie reduziert.

In diesem Sinne sehe ich die Kirchen gefordert, das Profil des Christlichen zu schärfen. Christlicher Glaube unterschei-

---

[125] LUDWIG WITTGENSTEIN, Tractatus logico-philosophicus (edition suhrkamp 12), Frankfurt a. M. [12]1977, Nr. 6.5 (114).

det sich von allen sonstigen Formen von Religion durch das
Bekenntnis zu Jesus Christus als Heilsbringer. Eben darum
wurden und werden die an ihn Glaubenden Christen genannt. Dieses Bekenntnis aber schließt den Glauben an den
von Jesus verkündigten Gott ein, der wiederum der Gott Israels ist. Dennoch: nicht eine vage Gottoffenheit, sondern das
Christusbekenntnis ist der entscheidende »Marker«, an dem
das Label »Christentum« auf dem Markt der religiösen Möglichkeiten und Unmöglichkeiten erkannt wird. Von hier aus
ist die Identität von Glaube und Kirche zu bestimmen. Das er-
fordert freilich auch Redlichkeit, wenn es darum geht, die
eigene Lage einzuschätzen, keine Schönfärberei. Die selbstkri-
tische Aufgabe religiöser Religionskritik hat darum auch
heute nichts von ihrer Dringlichkeit eingebüßt.

4. Gott und Gehirn

4.1 Interdisziplinäre Zugänge zur Religionsforschung

Neben evolutionstheoretischen Argumenten stützt sich die Religionskritik des neuen Atheismus auch auf Ergebnisse der Neurowissenschaften. Eines der gängigen Argumente lautet, dass Gott ebenso eine Illusion des menschlichen Gehirns ist wie das menschliche Ich. Derartige Schlussfolgerungen kann man jedoch, wenn sie als unumstößliche Wahrheiten verkündet werden, freilich nur als unzulässige Vergröberungen neurowissenschaftlicher Forschungsergebnisse einstufen.

Über die Existenz oder Nichtexistenz Gottes lässt sich jedenfalls nicht mit neurowissenschaftlichen Argumenten entscheiden. Treffend stellt die Psychologin und Theologin Nina P. Azari fest: »Die Hirnforschung kann uns nichts über Gott erzählen, und zwar aus einem einfachen Grund: das Studienobjekt der Hirnforschung ist der Mensch – nicht Gott.«[126]

Auch wenn die Hirnforschung nichts über Gott sagen kann, kann sie gleichwohl für die *Theologie* eine ernstzunehmende Herausforderung sein.[127] Wieweit die theologische Forschung von den Ergebnissen der Neurowissenschaften be-

---

[126] Zitiert nach Ulrich Schnabel, Die Vermessung des Glaubens. Forscher ergründen, wie der Glaube entsteht und warum er Berge versetzt, München 2008, 256. Vgl. auch Matthias Petzoldt, Gehirn – Geist – Heiliger Geist. Muss der Glaube die Willensfreiheit verteidigen? (Denkperlen 07), Hamburg 2008, 32.

[127] Zur theologischen Diskussion siehe neben Petzoldts in Anm. 126 zitierter Monographie Dirk Evers, Hirnforschung und Theologie, in: ThLZ 131 (2006), 1107–1122; Ulrich Schmidt, Glaube und Gehirn. Eine theologische

rührt wird, hängt allerdings sehr davon ab, wie der Forschungsgegenstand und die Methoden der Theologie definiert werden. Ob uns die Theologie im Unterschied zur Hirnforschung etwas über Gott erzählen kann – und nicht bloß
über den Menschen und seine Gottesvorstellungen –, hängt
sehr vom jeweiligen Theologieverständnis ab.

Die selbsternannte Neurotheologie ist jedenfalls keine
Theologie, sofern diese von Gott redet, sondern ein Zweig
der experimentellen Religionspsychologie, dessen Ergebnisse
und deren Aussagekraft höchst umstritten sind.[128] Der Begriff wurde wohl 1984 von James B. Ashbrook geprägt.[129] Dass
die Hirnforschung für die Religionspsychologie wie für die
Psychologie insgesamt von größter Bedeutung ist, steht außer Frage, hat sich die Psychologie in den letzten Jahrzehnten
doch immer stärker von einer Geisteswissenschaft zu einer
experimentellen Naturwissenschaft entwickelt. Die Religionspsychologie kann sowohl der Allgemeinen Psychologie als
auch der Religionswissenschaft zugerechnet werden.[130] Sie ist
aber keine Disziplin der Theologie.

Zwar ist die moderne Religionswissenschaft aus der christlichen Theologie hervorgegangen. Sie hat sich aber von dieser

---

Auseinandersetzung mit gegenwärtigen Ergebnissen der Hirnforschung,
in: Dt. Pfarrerblatt 109 (2009), 628–631; CHRISTINA AUS DER AU, Im Horizont
der Anrede. Das theologische Menschenbild und seine Herausforderung
durch die Neurowissenschaften (Religion, Theologie und Naturwissenschaft 25), Göttingen 2011.

[128] Zum Stand der Diskussion siehe ausführlich MICHAEL BLUME, Neurotheologie. Hirnforscher erkunden den Glauben, Marburg 2009.

[129] Vgl. HANS-FERDINAND ANGEL/ANDREAS KRAUSS, Der interdisziplinäre Gott, in:
Gehirn & Geist 2004, H. 4, 68–72.

[130] Zur Einführung siehe SUSANNE HEINE, Grundlagen der Religionspsychologie. Modelle und Methoden (UTB 2528), Göttingen 2005.

- ebenso wie die Religionsphilosophie - im Laufe ihre Geschichte energisch emanzipiert. Mit dem »cultural turn« hat die moderne Religionswissenschaft auch weitgehend eine Abkehr von Konzeptionen vollzogen, die noch immer - ähnlich wie die Theologie - einem substantialistischen Verständnis von Religion, Transzendenz oder dem Heiligen verpflichtet waren.[131] Infolgedessen ist auch die Religionsphänomenologie, die noch vor Jahrzehnten ein wichtiges Bindeglied zwischen Theologie und Religionswissenschaft bildete, inzwischen stark ins Hintertreffen geraten. Sofern nicht der Religionsbegriff innerhalb der Religionswissenschaft überhaupt in Frage gestellt wird, dominieren funktionale Religionstheorien und Konzeptionen von Religionswissenschaft als deskriptiver Kulturwissenschaft.

Nun hat freilich auch innerhalb der Theologie - gemeint ist in unserem Zusammenhang die christliche Theologie - seit der Aufklärung ein grundlegender Transformationsprozess stattgefunden. An die Stelle Gottes als des eigentlichen Subjektes der Theologie traten - jedenfalls im protestantischen Bereich - die Religion und das menschliche Gottesbewusstsein oder der Gottesgedanke. Der theologische Leitbegriff »Gott« wurde durch »Religion« als neuen Leitbegriff abgelöst.[132]

Wohl haben Karl Barth und die Dialektische Theologie nach dem Ersten Weltkrieg diesen Paradigmenwechsel zu

---

[131] Vgl. KAREÉNINA KOLLMAR-PAULENZ, Zur Relevanz der Gottesfrage für eine transkulturell orientierte Religionswissenschaft, in: ULRICH H .J. KÖRTNER (Hg.), Gott und Götter. Die Gottesfrage in Theologie und Religionswissenschaft, Neukirchen-Vluyn 2005, 23–49.

[132] Vgl. INGOLF U. DALFERTH, Theologie im Kontext der Religionswissenschaft. Selbstverständnis, Methoden und Aufgaben der Theologie und ihr Verhältnis zur Religionswissenschaft, in: ThLZ 126 (2001), 3–20.

revidieren versucht. Zumindest in der gegenwärtigen protestantischen Theologie dominieren aber Konzeptionen von Theologie als einer spezifischen Form der Religionstheorie, als Theorie gelebter Religion, die sich ganz wie die Religionswissenschaft als Kulturwissenschaft begreift. Von der allgemeinen Religionswissenschaft versucht man sich vielleicht noch dadurch abzugrenzen, dass man die Frage nach dem Wahrheits- und Realitätsgehalt religiöser Vorstellungen für unaufgebbar erklärt, wie dies schon Ernst Troeltsch in seiner Kritik am religionspsychologischen Programm von William James getan hat.[133]

Unter Berufung auf Paul Tillich kann man die christliche Theologie als *normative* Religionswissenschaft bestimmen, wie es der Wiener Systematiker Christian Danz versucht,[134] und wie Friedrich Wilhelm Graf die Flucht nach vorn antreten, indem man die Theologie, verstanden als Kulturwissenschaft vom Christentum, als die bessere Gestalt von Religionswissenschaft ausgibt. Während letztere sich über ihre normativen Implikationen zumeist nicht im Klaren sei, mache die Theologie die Normativität religionswissenschaftlicher Urteile ausdrücklich und reflektiere diese in selbstkritischer Absicht. »Nur mit Hilfe der Theologie«, so begründet Graf ihre Unersetzlichkeit, »läßt sich die ›implizite Theologie‹ kulturwissenschaftlicher Deutungsangebote erkennen und

---

[133] Ernst Troeltsch, Psychologie und Erkenntnistheorie in der Religionswissenschaft. Eine Untersuchung über die Bedeutung der Kantischen Religionslehre für die heutige Religionswissenschaft, Tübingen ²1922, 18. Im Anschluss daran Friedrich Wilhelm Graf, Die Wiederkehr der Götter. Religion in der modernen Kultur, München 2004, 227 ff.

[134] Christian Danz, Die Deutung der Religion in der Kultur. Aufgaben und Probleme der Theologie im Zeitalter des religiösen Pluralismus, Neukirchen-Vluyn 2008, 101 ff.

der dogmatische Schein ihrer Religionsneutralität oder Konfessionstranszendenz zerstören«.[135]

Sofern sich christliche Theologie als Kultur- oder Religionswissenschaft vom Christentum begreift, die in erster Linie von Glaubensvollzügen und ihren individuellen wie sozialen Funktionen handelt, liegt es auf der Hand, dass sie von den Ergebnissen und Schlussfolgerungen neurowissenschaftlicher Religionsforschung nicht unberührt bleibt. Es stellt sich die Frage nach den neurophysiologischen und evolutionsbiologischen Grundlagen menschlicher Kultur und Religion. Ebenso muss aber auch aus kultur- oder geisteswissenschaftlicher Sicht nach den erkenntnistheoretischen Voraussetzungen sowie den möglichen Engführungen und Kurzschlüssen der Neurowissenschaften gefragt werden. Schließlich ist doch die Hirnforschung, ebenso wie es die Naturwissenschaften im Allgemeinen sind, ein Teil der menschlichen Kultur.

Alle Theorien über den menschlichen Geist, das menschliche Gehirn und menschliches Bewusstsein sind Erscheinungsformen menschlicher Kultur. Das gilt auch für naturalistische Theorien des Geistes und der Kultur einschließlich der Religion. Naturwissenschaft ist nicht Natur, sondern Kultur. Eben deshalb sind die Naturwissenschaften einschließlich der Neurowissenschaften auf das Gespräch mit den Kultur- oder Geisteswissenschaften[136] angewiesen und weit davon entfernt, diese ersetzen zu können. Wollte sich Naturwissenschaft selbst als Kulturwissenschaft verstehen,

---

135 GRAF, Wiederkehr, 265.

136 Zum Begriff der Kulturwissenschaft und seiner Geschichte siehe FRIEDRICH WILHELM GRAF, Art. Kulturwissenschaften, RGG⁴ IV, Tübingen 2001, 1855–1857.

wäre dies ebenso problematisch, wie wenn sich die Kulturwissenschaften als die eigentliche Naturwissenschaft behaupten wollten.[137]

Aufgrund der bisherigen Ausführungen zur Frage nach dem Beitrag der Neurowissenschaften zur interdisziplinären Religionsforschung ließe sich das Thema dieses Kapitels abwandeln. Möglicherweise lassen sich bestimmte Aspekte von Religion einschließlich religiöser Gottesbilder und Gottesgedanken durch die Hirnforschung besser als durch andere Zweige der Religionsforschung erklären. Wiederum können kulturwissenschaftliche Disziplinen der Religionsforschung den Neurowissenschaften helfen, ihren eigenen Forschungsgegenstand, ihre Begriffe und Methoden sowie den Geltungsbereich ihrer auf Religion oder religiöses Verhalten bezogenen Aussagen zu klären. Begriffe wie Religion, Religiosität, Spiritualität, Geist, Freiheit, Transzendenz und Transzendieren, Empirie und Erfahrung bedürfen einer eingehenden Diskussion.

Ein rein kulturwissenschaftliches Verständnis von Theologie leidet allerdings unter der Schwierigkeit, dass die intendierte und ausdrücklich gemachte Normativität ihrer religionstheoretischen Urteile in der Luft hängt. Zwar stimmt es, dass sich eine kulturhermeneutische Religionswissenschaft, die rein deskriptiv verfahren will, über ihre implizit normativen Gehalte täuscht. Aber woher ihre methodischen Kriterien stammen und begründet werden sollen, anhand derer die Theologie normative Urteile über Glaubensinhalte und ihre Geltung fällen will, bleibt unklar. Der Begriff einer normativen Kultur- oder Religionswissenschaft ist aporetisch.

---

[137] Zur Kritik vgl. auch den Kommentar zum »Manifest elf führender Neurowissenschaftler über Gegenwart und Zukunft der Hirnforschung« von Wolfgang Prinz, Neue Ideen tun not, in: Gehirn & Geist 2004, H. 6, 34–35.

Demgegenüber plädiere ich für ein Theologiekonzept, das in produktiver Weiterentwicklung von Einsichten der Dialektischen Theologie offenbarungstheologisch argumentiert. Theologie handelt dementsprechend nicht nur von Gottesvorstellungen und Gottesgedanken, sondern von Gott, auch wenn dieser nur indirekt, über die Untersuchung menschlicher Rede von ihm, zum Gegenstand des Erkennens werden kann. Für das Verhältnis von Theologie und Kulturwissenschaften bedeutet dies, dass sich die Theologie zwar im *Kontext* der Kulturwissenschaften verortet, jedoch nicht als Kulturwissenschaft bestimmt.[138] Für das Verhältnis von Theologie und Religionswissenschaft besagt es, dass die Theologie zwar über weite Strecken wie die Religionswissenschaft eine Perspektive der Außenbeschreibung religiöser Phänomene einnimmt, diese jedoch zur Perspektive der Selbstbeschreibung von Glaubenserfahrungen in Beziehung setzt. Theologie untersucht den christlichen Glauben nicht nur aus der Beobachterperspektive, sondern eben auch aus der Teilnehmer- oder Binnenperspektive.

Theologie, welche die Binnenperspektive und die Außenperspektive des Glaubens in eine reflektierte Beziehung setzt, braucht den Austausch mit der Psychologie und der Hirnforschung nicht zu scheuen.

>>Die psychologischen Grundmuster des Glaubens in den Blick zu nehmen, ist [...] nicht etwa ein Zeichen von Glaubensschwäche, sondern im Gegenteil eine Voraussetzung für eine reife Religiosität, die um ihre eigenen Schwächen weiß.<<[139]

---

[138] Vgl. ULRICH H. J. KÖRTNER, Zur Einführung: Leitbegriffe und Ortsbestimmungen evangelischer Theologie, in: DERS. (Hg.), Wort Gottes – Kerygma – Religion. Zur Frage nach dem Ort der Theologie, Neukirchen-Vluyn 2003,
[139] SCHNABEL, Vermessung, 149.

In theologischen Veröffentlichungen zu den möglichen oder unmöglichen Folgen der Hirnforschung herrscht gegenüber der Neurobiologie allerdings häufig ein apologetisch-abwehrender Grundtenor. Der pauschale und zum Teil durchaus berechtigte Vorwurf des Reduktionismus ist schnell bei der Hand, etwa wenn es um das Leib-Seele-Problem geht.[140] Das ist verständlich, gestattet er es doch, die Relevanz der Hirnforschung und ihrer Ergebnisse für die theologische und die philosophische Theoriebildung herunterzuspielen.

Nach Auffassung des katholischen Moraltheologen Eberhard Schockenhoff liegt den unterschiedlichen monistischen, dualistischen oder funktionalistischen Theorien zur Realität des Bewusstseins »eine gemeinsame Tendenz zugrunde, welche die ontologische Eigenständigkeit geistiger Phänomene wie Bewußtsein, Intentionalität, Selbst und Ich durch ihre Zurückführung auf physikalische Korrelate aufzulösen droht«[141]. Gegenüber einer biologischen Interpretation moralischer Phänomene, welche den Ursprung der Moral naturwissenschaftlich-kausal herzuleiten versucht, hält Schockenhoff an der platonischen Unterscheidung von Ursachen und Gründen fest und möchte die kausale Wirksamkeit mentaler Phänomene nicht nur erkenntnistheoretisch, sondern auch ontologisch verteidigen. So interpretiert er den »Übergang

---

[140] Gegen die in der Tat kurzschlüssige Gleichsetzung von Gehirn und Ich oder Selbst siehe z. B. Thomas Fuchs, Das Gehirn – ein Beziehungsorgan. Eine phänomenologisch-ökologische Konzeption, Stuttgart ²2013.

[141] Eberhard Schockenhoff, Wer oder was handelt? Überlegungen zum Dialog zwischen Neurobiologie und Ethik, in: Günter Rager (Hg.), Ich und mein Gehirn. Persönliches Erleben, verantwortliches Handeln und objektive Wissenschaft (Grenzfragen 26), Freiburg/München 2000, 239–287, 243.

[142] Schockenhoff, Wer oder was, 255.

von der physischen auf die mentale Ebene« metaphysisch als
»Schritt in eine neue Wirklichkeitsdimension«,[142] ohne allerdings genau zu erklären, was dabei geschieht. Schockenhoff
diagnostiziert eine »offene Erklärungslücke, die sich aus
prinzipiellen Gründen nicht schließen läßt«[143]. Allerdings
besteht, wie Schockenhoff selbst weiß, bei solcher Argumentation die Gefahr, dass sich die Ethik gegenüber den Frage-
stellungen und Erkenntnissen der modernen Naturwissenschaften immunisiert.[144]

Schockenhoffs Versuch, mentale Phänomene ontologisch
oder metaphysisch zu retten, ist auch von einem theologischen Interesse geleitet. Wenn er vom Übergang in eine andere Wirklichkeitsdimension spricht, deutet er den Gedanken
der Transzendenz und letztlich den Gottesgedanken an. Mit
ähnlicher Absicht rekurriert der evangelische Theologe Wolfhart Pannenberg auf die Quantenmechanik und den Kontin-
genzbegriff, die als Korrelate menschlicher Freiheit und als
Hinweis auf die Gottoffenheit der Welt gedeutet werden.[145]
Eine dem biblischen Zeugnis verpflichtete Theologie kann
sich jedoch nicht damit abfinden, wenn Gott und sein Wirken
in eine Erklärungslücke verbannt werden.

Für das Gespräch zwischen Theologie und Neurowissenschaften halte ich es für grundlegend, zwischen Empirie und

---

[143] Gemeint ist der »explanatory gap«, den Joseph Levine postuliert. Vgl. JOSEPH
LEVINE, Materialism and Qualia. The Explanatory Gap, in: Pacific Philosophical Quarterly 64 (1983), 354–361.

[144] Vgl. SCHOCKENHOFF, Wer oder was, 285. Zur Kritik siehe auch ANDREAS KLEIN,
Anschläge auf die Freiheit? Neurobiologische und metaphysisch-theoreti-
sche Problematisierungen einer ethischen Zentralkategorie, in: ZEE 48
(2004), 179–196, 188 f.

[145] Vgl. WOLFHART PANNENBERG, Bewußtsein und Geist, in: ZThK 80 (1983), 332–
351, 346 u. 348.

Erfahrung zu unterscheiden, oder sagen wir: zwischen Erfahrung aus der Beobachterperspektive und Erfahrung aus der Teilnehmerperspektive, der Perspektive existentieller Betroffenheit.[146] Erfahrungen im Sinne empirischer Datenerhebungen sind von solchen existentiellen Erfahrungen zu unterscheiden, die ich nur je für mich machen kann, weil sie an den Bezug zum eigenen Leben gebunden sind. Religiöse Erfahrung, um die es in der Theologie geht, ist nun keine isolierte innere Erfahrung, irgendeine besondere »Provinz im Gemüthe«, von der Friedrich Schleiermacher sprach[147] und die sich möglicherweise neurowissenschaftlich lokalisieren ließe, sondern eine existentielle Erfahrung mit aller Erfahrung, der alltäglichen Erfahrung ebenso wie der wissenschaftlich generierten.

Der evangelische Theologe Gerhard Ebeling hat den Glauben im Sinne des christlichen Sprachgebrauchs als »gottgemäße Erfahrung mit aller Erfahrung« interpretiert.[148] Folgt man dieser Interpretation, dann ist Gott kein Objekt und keine Substanz, weder empirisch noch metaphysisch, sondern ein Wort, das den Grund für solche Erfahrung mit

---

[146] Diese Unterscheidung halte ich auch für wichtig, um die Beschaffenheit und den Stellenwert von Qualia im interdisziplinären Gespräch zwischen Hirnforschung und Theologie richtig einzuschätzen. Zur Diskussion vgl. Aus Der Au, Horizont, 72–117. Unter Qualia versteht man die subjektive und phänomenale Qualität von Empfindungen wie das Sehen von Farben oder das Empfinden von Schmerzen. Zu Aus der Aus Sichtweise der wissenschaftstheoretischen und methodologischen Probleme des Gesprächs zwischen Theologie und Hirnforschung siehe a. a. O., 188 ff.247 ff.

[147] Schleiermacher, Religion, 72 (1. Rede).

[148] Gerhard Ebeling, Die Klage über das Erfahrungsdefizit in der Theologie als Frage nach ihrer Sache, in: Ders., Wort und Glaube III, Tübingen 1975, 3–28, 25.

der Erfahrung bezeichnet, das Woher eines Daseins- und Weltverständnisses, in welchem der Glaubende sich und die Welt im Ganzen in der Relation zu einem göttlichen Gegenüber versteht. Das Wort »Gott« steht für die Ermöglichung einer bestimmten Perspektive auf das eigene Selbst und die Welt.

Wir können auch sagen, religiöse Erfahrung im christlichen Sinne komme »in, mit und unter der profanen Erfahrung« zur Geltung.[149] Das ist freilich, wie Ebeling erklärt, »ein Vorgang, der nur von bestimmter, geschichtlich geformter Religion ausgehen kann«[150]. Damit solche Erfahrung mit der Erfahrung möglich wird, gilt es, »eine Sprache wiederzugewinnen, durch die sich die natürliche, alltägliche Erfahrung von Welt als Natur und Geschichte zur fundamentalen Lebenserfahrung hin öffnet«[151].

Der Zusammenhang zwischen Sprache und Erfahrung ist nun auch für das Gespräch zwischen Theologie und Neurowissenschaften von grundlegender Bedeutung.[152] Wir gehen darauf noch ausführlicher ein. Zunächst aber sollen die empirischen Befunde und Aussagen der Hirnforschung zum Phänomen der Religion kritisch gewürdigt werden. Sodann diskutiere ich die neurowissenschaftlichen Herausforderungen für die Rede von Gott und vom Heiligen Geist. Weitere Themenkreise, die zwischen Theologie und Neurowissenschaften diskutiert werden, betreffen grundlegende Fragen

---

[149] EBELING, Klage, 24.

[150] Ebd.

[151] Ebd.

[152] Zum Problem der Sprache im interdisziplinären Gespräche mit der Hirnforschung siehe auch aus philosophischer Sicht PETER JANICH, Kein neues Menschenbild. Zur Sprache der Hirnforschung, Frankfurt a. M. 2009.

der Anthropologie, vor allem das Leib-Seele-Problem und die Willensfreiheit. Sie werden in diesem Kapitel jedoch allenfalls indirekt berührt.[153]

4.2 Hirnforschung und Transzendenz

Auch wenn man den Begriff einer Neurotheologie zurückweisen und manche vollmundigen Behauptungen über das Wesen der Religion aus dem Munde sogenannter Neurotheologen zurückweisen muss,[154] ist die neurowissenschaftliche Suche nach neuronalen Korrelaten und nach den biologischen Grundlagen religiöser Erfahrung grundsätzlich sinnvoll. Allerdings zeigen die bisher vorliegenden experimentellen Untersuchungsergebnisse ein widersprüchliches Bild.

Eugene D'Aquili und Andrew Newberg haben die Hirnaktivitäten von meditierenden tibetischen Buddhisten und katholischen Franziskanernonnen untersucht. Sie beobachteten, dass bei den Probanden im Zustand der tiefsten meditativen Versenkung der obere Scheitellappenteil besonders inaktiv war, also jenes Hirnareal, das für die räumliche Orientierung des Menschen zuständig ist. Laut Newberg und D'Aquili wird diese Blockade, die Newberg als »Deafferenzie-

---

[153] Siehe dazu ausführlich Ulrich H. J. Körtner, »Lasset uns Menschen machen«. Christliche Anthropologie im biotechnologischen Zeitalter, München 2005, 61–103; Andreas Klein, Willensfreiheit auf dem Prüfstand. Ein anthropologischer Grundbegriff in Philosophie, Neurobiologie und Theologie, Neukirchen-Vluyn 2009.

[154] Der Hirnforscher Gerhard Roth kritisiert die Neurotheologie scharf als »Trittbrettfahrer der Wissenschaft«: Gerhard Roth, Aus Sicht des Gehirns, Frankfurt a. M. 2003, 182.

rung« bezeichnet,[155] als mystisches Gefühl der Entgrenzung erlebt. Newberg zieht daraus den Schluss, dass mystische Erfahrung »biologisch real und naturwissenschaftlich wahrnehmbar«[156] ist. Weitere Experimente zur Neurophysiologie von religiöser Meditation wurden u. a. von Tomio Hirai, Herbert Benson, Richard Davidson, Michael Sabaß und Matthieu Richard durchgeführt.[157]

Während D'Aquili und Newberg auf materialistischer Basis einen positiven Beweis für die Realität religiöser Erfahrungen zu führen versuchen, hat Michael Persinger neurowissenschaftliche Versuche in religionskritischer Absicht durchgeführt.[158] Er will religiöse Erlebnisse bei Probanden dadurch erzeugt haben, dass er ihre Schläfen- oder Temporallappen mittels eines elektrischen Magnetfeldes stimulierte. Nun ist bekannt, dass auch bei Patienten mit einer Temporallappenepilepsie religiöse Erlebnisse auftreten können. Ein prominentes Beispiel aus der Literaturgeschichte ist der Selbstbericht Dostojewskis, der einen epileptischen Anfall als religiöses Erlebnis schildert. Schon in der Antike galt die Epilepsie als heilige Krankheit. Persinger zieht nun den Schluss, religiöse Erlebnisse als pathologische Erscheinungen zu interpretieren.

Der Hirnforscher Vilayanur S. Ramachandran führt religiöse Erlebnisse auf das Zusammenspiel von Schläfenlappen und limbischem System zurück.[159] In diesem werden Gefühle

[155] ANDREW NEWBERG/EUGENE D'AQUILI/VINCE RAUSE, Der gedachte Gott. Wie Glaube im Gehirn entsteht, München/Zürich 2003, 206 u. ö.

[156] A. a. O., 17.

[157] Vgl. SCHNABEL, Vermessung, 231 ff.

[158] Vgl. MICHEAL PERSINGER, Neuropsychological Bases of God Beliefs, New York 1987.

[159] Vgl. VILAYANUR S. RAMACHANDRAN/SANDRA BLAKESLEE, Gott und das limbische System, in: DIES., Die blinde Frau, die sehen kann, Reinbek 2002, 283–320.

wie Angst, Wut und Ekel, aber auch Verlegenheit, Staunen, Stolz und Freude erzeugt. Grundlegend sind die Empfindungen von Lust und Unlust, mit denen im limbischen System Sinneseindrücke und Erfahrungen einer Bewertung unterzogen werden. Im Unterschied zu Persinger interpretiert Ramachandran seine Experimente allerdings sehr zurückhaltend. Man sei noch weit entfernt von einer vollständigen neurowissenschaftlichen Erklärung religiöser Erlebnisse und Empfindungen.

Tatsächlich sind die vorliegenden Untersuchungen von unterschiedlicher wissenschaftlicher Qualität. Sie betrifft nicht nur die Auswertung und Interpretation der generierten Daten, sondern schon deren Zustandekommen. So wird Persinger vorgehalten, seine Versuche nicht doppelt verblindet durchgeführt zu haben. Das hat eine Forschergruppe um den schwedischen Psychologen Pehr Granqvist bei ihrer Wiederholung von Persingers Experiment getan.[160] Während einige Probanden im Schläfenlappenbereich elektromagnetisch stimuliert wurden, war dies bei einer Kontrollgruppe nicht der Fall. Dennoch berichteten auch Teilnehmer aus dieser Gruppe von außergewöhnlichen Erfahrungen. Schlussendlich war die Zahl der Personen, die mystische Erlebnisse hatten, in beiden Gruppen gleich groß. Daraus lässt sich schlussfolgern, dass Persingers Experimente keineswegs den Einfluss

---

[160] Vgl. Pehr Granqvist u. a., Sensed Presence and Mystical Experiences Are Predicted by Suggestibility, Not by the Application of Transcranial Weak Complex Magnetic Fields, in: Neuroscience Letters 379 (2005), 1–6; Pehr Granqvist/Marcus Larsson, Contribution of Religiousness in the Prediction and Interpretation of Mystical Experiences in a Sensory Deprivation Context: Activation of Religious Schemas, in: The Journal of Psychology 1040 (2006), 319.

von Magnetsignalen auf das Gehirn und religiöses Erleben beweisen, sondern »die Macht der Phantasie«[161] und die Kraft der Autosuggestion, die auch bei Placeboeffekten eine Rolle spielt und eine mögliche Erklärung für Spontanheilungen liefert.

Der Zusammenhang zwischen religiösen Erlebnissen und Epilepsie ist außerdem weitaus geringer, als Persinger suggeriert. Dass religiöse Erlebnisse mit epileptischen Episoden korrelieren können, bedeutet ja nicht, dass alles religiöse Erleben eine Art von Epilepsie darstellt. »Nicht jeder religiöse Mensch ist Epileptiker; und nicht alle Epileptiker machen Erfahrungen überirdischer Seligkeit.«[162]

Auch die neurowissenschaftlichen Experimente zur Meditationsforschung gelangen zu uneinheitlichen Ergebnissen. Während sich in den von Hirai und Sabaß angestellten Versuchen mit meditierenden Buddhisten die Alpha- und Theta-Frequenzen im EEG signifikant erhöhten, waren es in den Experimenten von Davidson und Ricard vor allem die Gamma-Wellen.[163] Ob die jeweils gemessenen Hirnströme für das mit der Meditation verbundene Glücksgefühl, das die Probanden schildern, ursächlich verantwortlich sind, ist damit noch nicht gesagt. B. Rael Cahn und John Polich haben alle bis 2006 durchgeführten Untersuchungen ausgewertet und gelangen zu dem Schluss, dass sich bis heute kein eindeutiger Konsens über die neurophysiologischen Wirkungen der Meditationspraxis herausgebildet hat.[164]

---

[161] SCHNABEL, Vermessung, 184.

[162] A. a. O., 209.

[163] Vgl. a. a. O., 241 f.

[164] Vgl. B. RAEL CAHN/JOHN POLICH, Meditation States and Traits: EEG, ERP, and Neuroimaging Studies, in: Psychological Bulletin 123 (2006), 180–211.

Unter anderem leiden die genannten Experimente daran, dass ein viel zu ungenauer Begriff von Meditation vorausgesetzt wird und damit der Untersuchungsgegenstand ungenau bestimmt wird. Meditation ist nicht gleich Meditation. Bevor die EEG-Daten hinsichtlich ihrer Aussagekraft für religiöses Erleben interpretiert werden können, muss zwischen unterschiedlichen Meditationstechniken unterschieden werden. Dazu aber sind die Hirnforscher »auf die Selbstbeschreibung der Praktizierenden angewiesen. Erst deren Innenansicht macht es möglich, die von außen gemessenen Daten sinnvoll zu interpretieren.«[165]

Noch problematischer ist die Verwendung des Begriffs der Mystik bei D'Aquili, Newberg und anderen. Sinnvolle neurowissenschaftliche Experimente zum mystischen Erleben setzen doch einen präzisen Begriff von Mystik voraus. Hierfür müssten Religionswissenschaft und Theologie zu Rate gezogen werden. Dass es sich bei Mystik um ein einheitliches und religionsübergreifendes Phänomen handelt, ist eine fragwürdige These, die ein bestimmtes Konzept von Religion und Religiosität voraussetzt. In Anbetracht der vielfältigen Erscheinungsformen von Mystik in Geschichte und Gegenwart der Religionen ist der Begriff bei Newberg und anderen viel zu unbestimmt, als dass er zur Abgrenzung eines wohldefinierten Untersuchungsgegenstands dienen könnte.

Besonders fragwürdig ist es, wenn Mystik und Religion als synonyme Begriffe verwendet werden. Mystik ist ein Element von Religion, das aber nicht Religionen als ganze charakterisiert. Auch muss Religiosität als subjektives Bewusst-

---

[165] SCHNABEL, Vermessung, 243.

sein, individuelle Lebensorientierung und Praxis von Religion als einem sozialen System von Zeichen, Riten und Institutionen unterschieden werden. Ebenso ist der Begriff der Spiritualität von dem der Religiosität oder der Religion abzugrenzen. Ursprünglich stammt der Begriff Spiritualität aus dem Christentum und meint soviel wie Frömmigkeit. Beheimatet ist er im Mönchtum und bezeichnet die unterschiedlichen Traditionen monastischer Frömmigkeit und damit ein elitäres Phänomen.[166] Seit dem 17. Jahrhundert hat sich jedoch im angelsächsischen Sprachraum ein anderer Begriff von Spiritualität entwickelt, der auch unseren heutigen Sprachgebrauch prägt. Nun wird er zum Sammelbegriff für eine persönliche Form der Sinnstiftung, die eine Form von Transzendenz voraussetzt und Elemente einer geprägten Religion enthalten kann, aber keineswegs muss.[167]

Mit Recht kritisiert Nina Azari die Gleichsetzung von Religion und Mystik. Newberg und D'Aquili wirft sie vor, die kognitiven und an Sprache gebundenen Elemente von Religion außer Acht zu lassen. Sie selbst hat ein Experiment durchgeführt, bei dem sie sechs Mitgliedern einer evangelikalen Freikirche und sechs erklärten Atheisten den 23. Psalm, ein fröhliches Kinderlied und eine Passage aus dem Düsseldorfer Telefonbuch rezitieren ließ. Azari konnte nicht nur zeigen, dass die neurophysiologische Wirkung der Psalm-

---

[166] Vgl. ULRICH KÖPF, Art. Spiritualität II. Kirchengeschichtlich, in: RGG⁴ VII, Tübingen 2004, 1591–1593.

[167] Vgl. ULRICH H. J. KÖRTNER, Spiritualität, Religion und Kultur – eine begriffliche Annäherung, in: DERS./SIGRID MÜLLER/MARIA KLETEČKA-PULKER/JULIA INTHORN (Hg.), Spiritualität, Religion und Kultur am Krankenbett (Schriftenreihe Ethik und Recht in der Medizin 3), Wien/New York 2009, 1–17, bes. 6 ff.

worte von der jeweiligen Voreinstellung der Testpersonen ab-
hing, sondern dass bei den gläubigen Probanden keineswegs
die für Emotionen zuständigen Regionen im limbischen System, sondern vor allem solche Hirnareale aktiv wurden, die
für die Bewältigung kognitiver Aufgaben zuständig sind.
Azari gelangt zu dem Ergebnis, dass religiöses Erleben nicht
nach dem Reiz-Reaktions-Schema zu erklären ist, sondern
nur in einem Deutungsrahmen verstanden werden kann, der
die kulturellen und sozialen Faktoren berücksichtigt, durch
welche religiöse Dispositionen allererst entstehen.[168] Erst
durch seine bewusste Identifikation als religiös wird ein Erlebnis zu einem religiösen. Diese Identifikation hängt aber
von einem Deutungsrahmen ab, der durch geschichtlich ge-
wachsene und tradierte Religionen bereitgestellt wird.

Das gilt übrigens auch für sogenannte Nahtoderfahrungen, die Out-of-Body-Erfahrungen ähneln, die auch gesunde
Menschen, z. B. bei einer Narkose machen können.[169] Dass
und wie derartige Erfahrungen religiös, als Hinweis auf eine
vom Körper unterschiedene Seele oder eine unsere raumzeit-
liche Wirklichkeit übersteigende Transzendenz, gedeutet
wird, hängt stark vom jeweiligen religiösen oder weltanschaulichen Kontext ab. Entsprechend variieren auch Schil-
derungen von Nahtoderfahrungen zwischen den unterschiedlichen Kulturen und Religionen. Mit Recht urteilt der

---

[168] Vgl. NINA P. AZARI/MARC SLORS, From Brain Imaging Religious Experience to
Explaining Religion. A Critique, in: Archiv für Religionspsychologie 29
(2007), 67–85.

[169] Vgl. dazu DETLEF B. LINKE, An der Schwelle zum Tod, in: Gehirn & Geist 2003,
H. 3, 46–52; OLAF BLANKE/SHAHAR ARZY, The Out-of-Body-Experience. Distur-
bed Self Processing at the Temporo-Parietal Junction, in: The Neuroscien-
tist 11 (2005), 16–24.

Hirnforscher Gerhard Roth, der sich selbst in religiösen Dingen als »toleranten Konstruktivisten« bezeichnet:

> »Letztlich bedeuten die genannten Befunde nur, dass es offenbar zur psychischen Ausstattung des Menschen gehört, unter bestimmten Bedingungen religiöse, spirituelle oder mystische Erlebnisse zu haben. Daraus folgt weder zwingend, dass solche Erlebnisse irgendeinen realen Bezug haben, noch folgt daraus zwingend, dass der Glaube an Gott oder an ein Jenseits reine Illusion ist. Als toleranter Konstruktivist wird man es aber für unwahrscheinlich halten, dass das Wesen Gottes und die Beschaffenheit des Jenseits – sollte es beides geben – in irgendeiner Weise diesseitigen Verhältnissen ähnelt. Eher wären Zustände zu erwarten, die alle unsere irdischen Vorstellungen überschreiten.«[170]

Damit individueller Glaube entstehen kann, bedarf es der Sprache und der kulturellen Prägung, die eine überindividuelle und intersubjektive Wirklichkeit darstellen. Zum Beleg verweist der evangelische Theologe Matthias Petzoldt auf das Phänomen der Marienerscheinungen, die auch für die jüngere Geschichte bezeugt sind. Sofern es sich dabei nicht um bloße Legenden handelt, werden sie nachweislich nur »dort erlebt, wo die betreffenden Personen mit Maria als Figur christlicher Frömmigkeit vertraut sind«[171] Mehr noch: Dass Menschen die Mutter Gottes erscheint und Botschaften übermittelt, setzt offenbar eine Erwartungshaltung voraus, dass so etwas durchaus passieren könnte. Diese aber wird durch entsprechende religiöse Lehren und Dogmen erzeugt und gestützt. Es kann daher kaum überraschen, dass die Adressaten von Marienerscheinungen üblicherweise keine Protestanten sind.

---

[170] ROTH, Sicht, 191.
[171] PETZOLDT, Gehirn, 20.

Davon abgesehen sagt ein bestimmtes religiöses Erleben oder die Deutung eines Erlebnisses als religiöses Widerfahrnis noch nichts über seine Wahrheit aus. Man kann z. B. darüber spekulieren, ob es sich beim Damaskuserlebnis des Apostels Paulus um einen epileptischen Anfall gehandelt hat.[172] Anlass zu solchen Spekulationen geben die Berichte in der Apostelgeschichte. Paulus selbst hält sich mit der Schilderung des Vorgangs freilich denkbar zurück. Seine authentischen Aussagen gestatten kaum medizinische Rückschlüsse. Hängt nun aber die Bedeutung, die die Christuserscheinung für ihn hatte, nämlich dass er sich fortan gesandt wusste, das Evangelium des gekreuzigten Christus zu verkündigen, an der neurophysiologischen Erklärung seines Erlebnisses? Oder hängt davon die Wahrheit seiner Botschaft ab? Wohl kaum. Das Gleiche gilt für einen Propheten wie Ezechiel, bei dem der Psychiater und Philosoph Karl Jaspers eine Schizophrenie diagnostiziert hat.[173] Abgesehen davon, dass man die Visionsschilderungen des Buches Ezechiel nicht alle als authentische Erlebnisberichte des Propheten lesen darf, und abgesehen davon, dass die Endgestalt des uns überlieferten Textes eine komplexe Entstehungs- und Redaktionsgeschichte hat, hängt die Wahrheit der prophetischen Verkündigung nicht von ihren Entstehungsumständen ab. Religiöse Geltungsfragen

---

[172] Vgl. u. a. Hans-Heinrich Stricker, Mensch in Schwachheit – Apostel in Kraft. Psyche, Krankheit und Heil bei Paulus im Urteil des Arztes, Münster/Berlin 2008. 106 f.

[173] Vgl. Karl Jaspers, Der Prophet Ezechiel. Eine pathographische Studie, in: Heinrich Kranz (Hg.), Arbeiten zur Psychiatrie, Neurologie und ihren Grenzgebieten (FS K. Schneider), Heidelberg 1947, 77–85. Siehe dazu Hubertus Tellenbach, Ezechiel: Wetterleuchten einer »Schizophrenie« (Jaspers) oder prophetische Erfahrung des Ganz-Anderen, in: Daseinsanalyse 4 (1987), 227–236.

lassen sich nun einmal nicht mit einem EEG oder einer Magnetresonanztomographie entscheiden.

Die Diskussion über die neurowissenschaftlichen Herausforderungen für die Theologie krankt außerdem nicht selten an einem unreflektierten Begriff von religiöser Erfahrung. Ich teile die Ansicht von Matthias Petzoldt, dass religiöse Erfahrungen keinen »Sonderbezirk von Sinneswahrnehmungen und ihren erlebnismäßigen Verarbeitungen« darstellen, sondern dass es sich »um elementare Sinneswahrnehmungen und ihre Verarbeitung in religiöser Deutung« handelt, die nur auf dem Hintergrund religiöser Traditionen möglich ist.[174] Dass religiöse Erfahrungen nicht ohne das menschliche Gehirn gemacht werden können, ist eine Trivialität. Insofern ist auch zu erwarten, dass religiöses Erleben mit Hirnaktivitäten korreliert, die sich im Experiment beobachten lassen. Korrelationen aber sind keine Kausalitäten. Weder lässt sich behaupten, dass die bisher durchgeführten Experimente religiöse Erlebnisse in eindeutiger Weise mit stets gleichen Hirnaktivitäten in Verbindung bringen konnten, noch, dass sich aus der bloßen Beobachtung von Hirnaktivitäten auf ein bestimmtes religiöses Erleben rückschließen lässt.[175] Und schon gar nicht lässt sich durch die vorliegenden Ergebnisse der Hirnforschung auf ein religiöses Apriori des Menschen schließen, aus dem die Notwendigkeit von Religion für alle Menschen oder zumindest für menschliche Gesellschaften zu folgern wäre.[176]

---

[174] PETZOLDT, Gehirn, 19.

[175] Vgl. auch ULRICH EIBACH, »Gott« nur ein »Hirngespinst«? Zur Neurobiologie religiösen Erlebens (EZW-Texte 172), Berlin 2003.

[176] So auch PETZOLDT, Gehirn, 29 ff.

Nun gibt es evolutionsbiologische Theorien über die Entstehung und den Selektionsvorteil von Religion.[177] Auch diese sind wissenschaftlich von recht unterschiedlicher Qualität. Doch all diese Theorien sagen ebenso wenig wie neurowissenschaftliche Erklärungsansätze etwas über die Wahrheit oder die Zukunft von Religion aus.

Eine auch theologisch interessante Theorie zur Entstehung von Religion, die den Zusammenhang von Religion und Sprache zum Ausgangspunkt nimmt, hat der Psychologe Julian Jaynes aufgestellt.[178] Er führt das Entstehen von Religion auf unsere bikamerale Psyche zurück, die mit der Lokalisierung unterschiedlicher Fähigkeiten in der linken und der rechten Hemisphäre des Großhirns zusammenhängt. Seine Grundthese besagt, dass in frühen Zeiten der Menschheitsgeschichte Aktivitäten der rechten Großhirnhemisphäre, auf der die Fähigkeit zur ganzheitlichen Verarbeitung von Wahrnehmungen und Erlebnissen, Musikalität, Emotionen und der Sinn für Metaphern angesiedelt seien, so wahrgenommen wurden, als handele es sich um Erscheinungen der Außenwelt. Die Stimmen der Götter seien Stimmen aus dem Inneren des Menschen, die so gehört wurden, als kämen sie von außen. Das menschliche Bewusstsein, wie wir es von uns selbst kennen, sei plötzlich entstanden, als es zur Integration von rechter und linker Hemisphäre gekommen sei. Davor hätten die Menschen die Wirklichkeit ähnlich wie Split-Brain-Patienten erlebt, bei denen der Balken zwischen beiden Hirnhälften operativ getrennt worden ist. Die Trennung hat

---

177 Vgl. ausführlich Schnabel, Vermessung, 283 ff. 325 ff.
178 Vgl. Julian Jaynes, Der Ursprung des Bewußtseins durch den Zusammenbruch der bikameralen Psyche, Reinbek 1988.

zur Folge, dass Informationen, die in der rechten Hirnhälfte verarbeitet werden, für das Sprachzentrum in der linken Hemisphäre nicht zugänglich sind.

Nun ist auch Jaynes' Theorie höchst anfechtbar. Abgesehen davon, dass die Hirnforschung heute ein komplexeres Bild neuronaler Netzwerke vermittelt und manche der von Jaynes vorausgesetzten neurowissenschaftlichen Annahmen überholt sind, sind auch seine kulturgeschichtlichen Thesen angreifbar. Das menschliche Bewusstsein hat sich wohl nicht abrupt, sondern kontinuierlich entwickelt, wie auch die Entstehung und Entwicklung der menschlichen Sprache weit früher begonnen hat als noch Jaynes annahm. Doch lässt sich nicht von der Hand weisen, dass Auditionen und Visionen, aber auch der Bereich des Musischen und schließlich das metaphorische Denken und Sprechen in Religionen eine wesentliche Rolle spielen. Auch in der heutigen Theologie nehmen Metapherntheorien eine Schlüsselstellung ein. Religiöse Sprache lässt sich grundlegend als metaphorische Rede charakterisieren.[179]

Auch wenn Jaynes' Theorie in vielen Punkten anfechtbar und überholt ist, macht sie doch auf einen Umstand aufmerksam, der für das heutige Gespräch zwischen Theologie und Hirnforschung von Bedeutung ist. Sie sagt vielleicht weniger über das Denken und religiöse Erleben vergangener Kulturen aus als vielmehr etwas über uns selbst:

> »dass wir die Welt stets durch eine bestimmte neurobiologische ›Brille‹ sehen und dass es daneben möglicherweise noch ganz andere

---

[179] Grundlegend siehe PAUL RICŒUR/EBERHARD JÜNGEL, Metapher. Zur Hermeneutik religiöser Sprache. Mit einer Einführung von P. Gisel, München 1974.

Wahrnehmungsweisen gibt, die alle ihre eigene Form von Wahrheit haben. [...] Welche Realität wir als gültig und verbindlich ansehen, hängt eben auch von der Kultur ab, in der wir leben.«[180]

In diesem Punkt sehe ich Möglichkeiten, das interdisziplinäre Gespräch zwischen Hirnforschung und Theologie auf eine wechselseitig befruchtende Weise fortzuführen. Christlicher Glaube ist keine abgrenzbare Art von Sondererfahrungen, sondern Erfahrung mit der Erfahrung, die im Kontext einer kulturell vermittelten Wahrnehmungsweise gemacht werden kann. Diese Wahrnehmungsweise ist vermittelt durch jene Botschaft und Wirklichkeitsdeutung, die im Neuen Testament formelhaft Evangelium genannt wird.

Im Rahmen einer solchen Interpretation religiöser Erfahrung sind auch Begriffe wie Transzendenz oder Transzendieren nicht ontologisch-metaphysisch zu verstehen. Dass Menschen Transzendenzerfahrungen machen können und die Fähigkeit haben, Grenzen des kognitiven Bewusstseins zu überschreiten, dass ekstatische Erlebnisse, wie sie im Schamanismus oder auch in den sogenannten Hochreligionen vorkommen, neurophysiologische Korrelate haben, besagt noch nichts über die Realität einer transzendenten Wirklichkeit jenseits der naturwissenschaftlich beschreibbaren Wirklichkeit. Nicht nur kann eine ontologisch behauptete Transzendenz schon aus erkenntnistheoretischen Gründen kein Gegenstand naturwissenschaftlich begründeter Aussagen sein,[181] sondern es ist zudem darauf hinzuweisen, dass der inhaltliche Gehalt des Transzendenzbegriffs auch innerhalb der Theologie heutzutage umstritten ist. Konzeptionen einer

---

[180] Schnabel, Vermessung, 202 f.
[181] Vgl. Petzoldt, Gehirn, 31 ff.

nachmetaphysischen oder einer hermeneutischen Theologie sprechen von Transzendenz im Diesseits oder im Verstehen der eigenen Existenz, die sich gerade nicht verobjektivieren lässt wie naturwissenschaftliche Beschreibungen von Realität.

Erkennbar steckt in solch einem Interpretationsmodell ein konstruktivistisches Element. Um das Gespräch zwischen Theologie und Neurowissenschaften an dieser Stelle zu vertiefen, wäre über Triftigkeit und Grenzen konstruktivistischer Theorien zu diskutieren, die in der Hirnforschung eine wichtige Rolle spielen, in der Theologie aber bislang nur in einzelnen Disziplinen wie der Religionspädagogik oder der Seelsorgelehre rezipiert werden.[182]

Blickt man auf die Diskussionslage in der Theologie zum Konstruktivismus und seinen unterschiedlichen Spielarten, ergibt sich ein uneinheitliches Bild. Einerseits hat zumindest die evangelische Theologie seit Kant den konstruktiven oder konstruktionalen Charakter ihrer Aussagen weithin anerkannt und fundamentaltheologisch reflektiert. Dass zwischen Gott selbst und allen Gottesbildern oder Gottesvorstellungen zu unterscheiden ist, gehört zu den Grundaussagen biblischer und theologischer Tradition im Christentum. Calvin charakterisierte den menschlichen Geist als permanente Götzenfabrik.[183]

Andererseits steht die Theologie konstruktivistischen Programmen und Entwürfen in erkenntnistheoretischer Hinsicht überwiegend ablehnend gegenüber. Das gilt insbeson-

---

[182] Zum Diskussionsstand vgl. ANDREAS KLEIN/ULRICH H. J. KÖRTNER (Hg.), Die Wirklichkeit als Interpretationskonstrukt? Herausforderungen konstruktivistischer Ansätze für die Theologie, Neukirchen-Vluyn 2011.

[183] Vgl. JOHANNES CALVIN, Inst. I,11,8.

dere für den radikalen Konstruktivismus, aber auch gegenüber gemäßigten Konzeptionen einer konstruktivistischen
Erkenntnistheorie sind theologische Vorbehalte weit verbreitet. Vor allem ein naturalistischer Konstruktivismus, wie er
namentlich in den heutigen Neurowissenschaften anzutreffen ist, scheint beinahe zwangsläufig auf eine Bestreitung der
Existenz Gottes hinauszulaufen. Die Diskussion über die In-
konsistenzen naturalistischer Positionen und ihre Vereinbar-
keit oder Unvereinbarkeit mit der Theologie muss weiter geführt werden. Dazu wäre es notwendig, zunächst einmal
zwischen verschiedenen Spielarten von Naturalismus zu unterscheiden. Grundsätzlich bleibt die Frage, ob eine naturalistische Theologie, wie sie im Bereich der angloamerikani-
schen analytischen Theologie anzutreffen ist, über eine Neu-
auflage spinozistischer Gedanken hinauskommt.

4.3 Gehirn, Geist und Gott

Der Gott, von dem die biblische Tradition spricht, ist jedenfalls nicht nur im menschlichen Gehirn zu lokalisieren, sondern er zeigt sich und wird erfahrbar in zwischenmenschlicher Kommunikation. Durch solche gelangt er auch in die
Hirne derer, die ihn »mit Herzen, Mund und Händen« vereh-
ren.[184] Nicht nur ist »Gott« ein Wort menschlicher Sprache,
sondern Gott selbst kommt zur Sprache und kommt nach
christlicher Überzeugung in, mit und unter menschlicher
Kommunikation zum Menschen, in seinen Geist, sein Hirn

---

[184] Vgl. die erste Strophe des Kirchenliedes »Nun danket alle Gott« (EG 321) von
Martin Rinckart, 1636.

und sein Herz, ohne doch mit dem menschlichen Geist oder Bewusstsein identisch zu werden.

Gotteserfahrungen und Gottesbegegnungen, wie sie im christlichen Kontext gemacht werden, lassen sich mit einem Begriff des evangelischen Theologen Ernst Fuchs als Sprachereignis beschreiben. Der traditionelle biblische Begriff dafür lautet Wort Gottes. Was hier als Wort Gottes bezeichnet wird, ist kein fixierter Bestand an Sätzen und Texten, sondern meint das unverfügbare Geschehen, von Gott angeredet zu werden, in, mit und unter zwischenmenschlicher Kommunikation; in, mit und unter weltlichen Erfahrungen. Eine derartige Gotteserfahrung kann jeder unvertretbar nur für sich machen, auch wenn sie sich in der Gemeinschaft ereignet, wo Kommunikation des Evangeliums stattfindet.

Dass eine solche Erfahrung, die den Verstand ebenso wie das Herz oder die Gefühle anspricht, von messbaren Hirnaktivitäten begleitet wird, versteht sich von selbst. Doch was es bedeutet, sich in seiner Existenz von Gott angeredet zu wissen, sich selbst und die Welt neu zu verstehen, kann kein Hirnscan erklären. In seinem berühmten Aufsatz »What Is It Like to Be a Bat«[185] macht der Philosoph Thomas Nagel klar, weshalb es uns nicht möglich ist zu verstehen und nachzuempfinden, wie es ist, eine Fledermaus zu sein. Ähnlich ist es mit dem Glauben und der Erfahrung, von Gott angerührt und angesprochen zu werden. Sie lässt sich wohl sprachlich kommunizieren, aber nur in der Form bekenntnishafter Aussagen in der ersten Person. Der Vorgang der göttlichen Anrede lässt sich ebensowenig beobachten und in der Beobachterper-

---

[185] THOMAS NAGEL, What Is It Like to Be a Bat?, in: The Philosophical Review 83 (1974), 435–450.

spektive der dritten Person beschreiben wie der Glaube, der
auf diese Anrede antwortet. Religion lässt sich sehr wohl auch
– wenngleich nicht nur – mit den Mitteln der Neurowissenschaften erforschen. Doch der Glaube selbst kann prinzipiell
nicht naturwissenschaftlich gemessen und vermessen werden. Er lässt sich aber ebensowenig kulturwissenschaftlich
erfassen.

Nun lautet eine grundlegende Bestimmung Gottes im
Neuen Testament: Gott ist Geist. Sie findet sich in Joh 4,24.
Für das interdisziplinäre Gespräch zwischen Theologie und
Neurowissenschaften ist es jedoch wichtig, zwischen dem
göttlichen Geist, von dem in der Bibel die Rede ist, und dem
menschlichen Geist zu unterscheiden. Der göttliche Geist ist
nach neutestamentlichem Verständnis keine natürliche An-
lage im Menschen, sondern eine von außen kommende Gabe.
Das göttliche *pneuma*, so der griechische Begriff im Neuen
Testament, bzw. die *ruach*, so das hebräische Wort im Alten
Testament, ist nicht identisch mit der menschlichen Seele
(hebräisch *näphäsch*, griechisch *psyche*) oder dem menschlichen Verstand (griechisch *nous*). Seele und Verstand gehören
nach Paulus auf die Seite des Leibes (*soma*) bzw. des Fleisches
(*sarx*), dem der Geist antithetisch gegenübergestellt wird,
ganz so wie der Unglaube dem Glauben. Auch zeigt sich die
Wirkung des göttlichen Geistes in der Welt keineswegs nur in
innerpsychischen Vorgängen, sondern im Naturgeschehen
ebenso wie in geschichtlichen Ereignissen.

Es ist hier nicht der Ort, die neutestamentlichen Schriften
und Schriftengruppen im Detail auf ihren Sprachgebrauch
hin zu untersuchen.[186] Einige Gesichtspunkte seien aber kurz

---

[186] Zur Übersicht vgl. JAMES D. G. DUNN, Art. Geist/Heiliger Geist III. Neues
Testament, in: RGG⁴ III, Tübingen 2000, 565–567.

erwähnt. Nach den Aussagen der synoptischen Evangelien ruht der Geist Gottes auf Jesus von Nazareth. Die Gegenwart des Geistes zeigt sich in der Vollmacht, mit der Jesus den Anbruch der Gottesherrschaft verkündigt, Menschen ihre Sünden vergibt, Kranke heilt und Dämonen austreibt. In der Apostelgeschichte werden die Jünger vom Heiligen Geist erfüllt und dadurch zur Mission, zur Zungenrede und zum mutigen Glaubenszeugnis befähigt. Der Geist Gottes leitet die Apostel und die ersten Gemeinden bei wichtigen Entscheidungen. Er bewirkt den Glauben und steht in Verbindung mit der Taufe. Paulus bestimmt den Geist Gottes als Geist Christi, der in der Verkündigung und in dem durch ihn bewirkten Glauben präsent ist. Der Geist stiftet Gemeinschaft und fördert diese durch vielfältige Geistesgaben. Im Johannesevangelium wird der göttliche Geist, durch den der Mensch wiedergeboren werden soll, mit dem Parakleten gleichgesetzt, der die Jünger nach Jesu Auferstehung und Weggang in alle Wahrheit führen und also zur vollen Erkenntnis und zum vertieften Verständnis der Christusbotschaft bringen soll.

Zusammenfassend kann man sagen, dass das Wort »Geist« in Verbindung mit Gott für die glaubensstiftende und glaubensstärkende Kommunikation steht. Die Kommunikation zwischen Gott und Mensch ereignet sich in, mit und unter der zwischenmenschlichen Kommunikation des Evangeliums. Dabei stehen ein energetisches Verständnis vom göttlichen Geist als Kraft und ein personales Verständnis vom Geist als Paraklet oder als gegenwärtiger Erscheinungsweise Christi nebeneinander und in Verbindung zueinander.

Für das Verständnis der geradezu wie eine theologische Gottesdefinition klingenden Aussage in Joh 4,24 kommt es nun aber darauf an, sich den grundlegend metaphorischen

Charakter aller Rede von Gott bewusst zu machen. Auch dogmatische Aussagen über Gott bleiben an diese elementare
Form der Gottesrede in Metapher und Erzählung zurückge-
bunden. Auch bei Joh 4,24 handelt es sich nicht um eine metaphysische Aussage über die Realität und das Wesen Gottes,
sondern um eine metaphorische Beschreibung. Rudolf Bultmann schreibt zur Stelle:

> »Dieser Satz ist keine Definition im griechischen Sinne, die die Seins-
> weise, die Gott an sich eigen ist, bestimmen wollte, und zwar da-
> durch, daß sie diese Seinsweise als die eines dem Menschen zugäng-
> lichen Weltphänomens, des πνεῦμα, bezeichnete. Wohl aber ›definiert‹
> der Satz den Gottesgedanken, indem er sagt, was Gott bedeutet, näm-
> lich, daß er für den Menschen der Wunderbare sei, der wunderbar am
> Menschen handelt, genau wie Gottes ›Definition‹ als ἀγάπη I Joh 4,
> 8.16 ihn als den bezeichnet, der aus Liebe und in Liebe am Menschen
> handelt.«[187]

Wenn es in I Joh 4,8.16 heißt: »Gott ist Liebe, und wer in der
Liebe bleibt, der bleibt in Gott und Gott in ihm«, so hängt das
rechte Verständnis dieser Aussage entscheidend davon ab,
dass Subjekt und Prädikat des Satzes nicht vertauscht werden
dürfen. Die Aussage, dass Gott Liebe ist, ist nicht identisch
mit der Aussage, die Liebe ist Gott. So hat ja Ludwig Feuerbach
das Wesen des christlichen Glaubens interpretieren wollen,
indem er meinte, das Christentum überhöhe menschliche
Eigenschaften zu göttlichen Prädikaten und spreche auf diese
Weise nicht vom Wesen eines weltüberlegenen Gottes, sondern vom Wesen des Menschen. Gott wäre demnach ein Wort,
das eine besondere Weise der Mitmenschlichkeit bezeich-

---

[187] Rudolf Bultmann, Das Evangelium des Johannes (KEK II), Göttingen [20]1978,
141. Im Anschluss daran Petzoldt, Gehirn, 124.

net.[188] In metaphorischer Sprache redet der 1. Johannesbrief jedoch vom Grund zwischenmenschlicher Liebe, und zwar der Liebe im Sinne der Agape, nicht des Eros oder der Philia, ohne dass die beiden letztgenannten Erscheinungsweisen der Liebe von der Agape strikt getrennt werden dürften.[189] Und wie in I Joh 4,16 das Wirken Gottes als Agape als Bleiben in der Liebe beschrieben wird, so zeigt sich das Wirken Gottes als Geist in Joh 4,24 darin, dass er im Geist angebetet wird, d. h. in einer bestimmten Form der religiösen Kommunikation. Nach Bultmann gibt der ganze Satz allerdings zu verstehen:

> Jeder »Kult, der menschliches Unternehmen (im besten Falle Frage nach Gott) ist, ist illegitim; die angemessene Gottesverehrung kann nur die sein, die Antwort auf Gottes wunderbare Kundgebung und also selbst wunderbar ist. Ein Verhältnis des Menschen zu Gott, das nicht im Verhalten Gottes zum Menschen begründet ist, ist kein echtes Gottesverhältnis, sondern bleibt in der Sphäre menschlichen Unternehmens, in der Gott nicht erreichbar ist; denn Gott ist πνεῦμα.«[190]

Der Begriff des Geistes, soviel sollte deutlich geworden sein, lässt sich theologisch keinesfalls auf das menschliche Bewusstsein reduzieren. Das gilt aber auch für einen philosophischen und kulturwissenschaftlichen Begriff des Geistes. Der evangelische Theologe Matthias Petzoldt definiert Geist

---

[188] So HERBERT BRAUN, Die Problematik einer Theologie des Neuen Testaments, in: DERS., Gesammelte Studien zum Neuen Testament und seiner Umwelt, Tübingen ²1962, 325–341, 341. Dagegen siehe CARL HEINZ RATSCHOW, Gott existiert. Eine dogmatische Studie, Berlin 1966, 15.

[189] Man beachte schließlich, dass der johanneische Christus seine Jünger als seine Freunde (φίλοι) anredet (Joh 15,14 f.).

[190] BULTMANN, Johannes, 141.

als Kommunikation von Sinn und unterscheidet zwischen subjektivem, intersubjektivem und objektivem Geist:

> »Subjektiver Geist ist die Fähigkeit zur Kommunikation von Sinn. Intersubjektiver Geist ist der Prozess von Sinn-Kommunikation. Objektiver Geist ist die Bezeichnung für die Produkte solcher Kommunikation: objektivierte Kommunikation, die als solche freilich dem Subjekt in massiver Objektivität gegenüberzutreten vermag, so dass das Subjekt sie als machtvolle Wirklichkeit spürt und zum Beispiel auch von ihr ›geprägt‹ werden kann.«[191]

Es liegt auf der Hand, dass Religion und Glaube in allen drei Dimensionen des Geistes auftreten. Religiöse Traditionen stellen Objektivationen religiöser Kommunikation in Form von Zeichensystemen dar, die wiederum im Prozess der zwischenmenschlichen Kommunikation und der individuellen Aneignung religiöse Erfahrungen im Sinne von Erfahrungen mit Erfahrung ermöglichen. Dass in, mit und unter solchen Kommunikationsprozessen Gott erfahren wird, lässt sich nur metaphorisch aussagen.[192] Dass Gott selbst Geist ist, meint in metaphorischer Sprache, dass Gott der Grund eines Kommunikationsgeschehens ist, in welchem Menschen sich selbst und ihre Welt neu sehen und verstehen lernen und so eine religiöse Erfahrung mit der profanen Erfahrung machen.

Als Wort unserer Sprache ist »Gott« unstrittig ein Teil der Wirklichkeit, die nach konstruktivistischer Auffassung als Interpretationskonstrukt zu begreifen ist. Aber der mit dem Wort bezeichnete Gegenstand soll ja nach theologischer Theorie gerade nicht ein Gegenstand unter anderen, sondern

---

[191] Petzoldt, Gehirn, 112.
[192] Vgl. a. a. O., 120 ff.

der absolute Grund aller Wirklichkeit oder – um mit der klassischen Definition Rudolf Bultmanns zu sprechen – »die Alles bestimmende Wirklichkeit« sein.[193] Nicht nur Wolfhart Pannenberg hat diese Definition des Gottesbegriffs übernommen[194], sondern auch Wilfried Härle hält Bultmanns Formel für angemessen. In ihrer Offenheit bringe sie grundlegende Aspekte des Gottesbegriffs zum Ausdruck: »die schlechthinnige *Überlegenheit*, die ontologische *Fundierung*, die existentielle *Relevanz* sowie – vor allem – den teleologischen Aspekt, der darin besteht, dass Gott die Wirklichkeit ist, die Allem ein letztes Ziel gibt«[195].

Mit der Definition Gottes als Alles bestimmender Wirklichkeit übersetzt Bultmann das klassische Prädikat der Allmacht Gottes. Diese kann nach Bultmann freilich nur existentiell erfahren werden, das heißt, »daß Gott die unsere Existenz bestimmende Wirklichkeit ist«[196]. Lässt sich dieser Gott unter konstruktivistischen Voraussetzungen denken?

Um diese Frage zu beantworten, ist zunächst zu klären, was Bultmann unter Wirklichkeit versteht. Die Wirklichkeit, von der wir gewöhnlich reden, setzt Bultmann mit dem Weltbild gleich, das mit Renaissance und Aufklärung entstanden ist und als Nachwirkung des Weltbildes der antiken griechischen Wissenschaft zu begreifen sei.[197] Dabei ist der Gegensatz von materialistischer und idealistischer Weltanschauung für Bultmanns Frage, welchen Sinn es hat, von Gott zu re-

---

193 BULTMANN, Sinn, 26.

194 Vgl. WOLFHART PANNENBERG, Wissenschaftstheorie und Theologie, Wiss. Sonderausgabe Frankfurt a. M. 1977, 304.

195 WILFRIED HÄRLE, Dogmatik, Berlin/New York 1995, 211 f.

196 BULTMANN, Sinn, 29.

197 Vgl. a. a. O., 31.

den, gleichgültig. Interessanterweise betont Bultmann den
konstruktiven Charakter jedes Weltbildes. Es handelt sich
stets um einen Entwurf, d. h. um ein Konstrukt, entworfen jedoch »unter Absehung von unserer eigenen Existenz«[198]. In
einem solchen Weltbild kommt Gott nicht vor, oder wenn
doch, dann wird er nach biblischen Maßstäben ebenso ver-
fehlt wie die menschliche Existenz, die nicht als Objekt in einem naturwissenschaftlich beschreibbaren Kausalzusam-
menhang zu denken ist. Für Bultmann ist »jedes Reden über
die Wirklichkeit, das absieht von dem Moment, in dem wir allein das Wirkliche haben können, nämlich von unserer eigenen Existenz, [...] Selbsttäuschung«, und darum ist auch Gott
»nie ein von außen zu Sehendes, ein Verfügbares, ein ›Wo-
raufhin‹«[199].

Bultmann operiert offenbar mit einem doppelten Wirk-
lichkeitsbegriff – in Anlehnung an Heidegger könnte man
auch von einem uneigentlichen und einem eigentlichen
Wirklichkeitsverständnis sprechen –, indem er das eine Mal
»Wirklichkeit« synonym mit »Weltbild« oder »Weltanschauung« verwendet, das andere Mal aber unter Wirklichkeit –
nämlich Gott als »Alles bestimmender Wirklichkeit« – den
Raum der nicht verobjektivierbaren menschlichen Existenz
versteht. Wohl in diesem Sinne ist es zu verstehen, wenn Ingolf U. Dalferth »Gott« als Indexwort deutet.[200] Ein konstruktivistischer Zug kann auch für die Versprachlichung der Alles

---

[198] Ebd.

[199] A. a. O., 33.

[200] Vgl. INGOLF U. DALFERTH, Inbegriff oder Index? Zur philosophischen Her-
meneutik von »Gott«, in: CHRISTOF GESTRICH (Hg.), Gott der Philosophen –
Gott der Theologen. Zum Gesprächsstand nach der analytischen Wende
(Beiheft 1999 zu BThZ 16), Berlin 1999, 89–140.

bzw. unsere Existenz bestimmenden Wirklichkeit insofern behauptet werden, als man nach Bultmann nur von Gott reden kann, indem man in bestimmter Weise von sich selber redet.[201] Allerdings setzt Bultmann voraus, dass die Bedingung solcher Konstruktionen die Selbstkundgabe Gottes oder seine Offenbarung ist.

Nun ist zu fragen, was denn Bultmann unter »bestimmen« und unter der »Bestimmtheit unserer Existenz durch Gott« versteht.[202] Das Wort »bestimmend« kann, worauf Wilfried Härle aufmerksam macht, Verschiedenes bedeuten: »determinierend, beeinflussend, durchdringend, in Anspruch nehmend«[203]. Er selbst bestimmt die Wirklichkeit Gottes als Wirklichkeit der Liebe[204] und betont deren Ereignischarakter. Gottes Sein ist »der Vollzug seiner Offenbarung«, der vom Menschen als »ein Ergriffen-, ein Erfaßt- und ein Gehaltenwerden durch die Wirklichkeit Gottes« erfahren wird,[205] so dass Gottes Wirklichkeit in seinem Wirken besteht.[206] Man kann in dieser Ausdeutung des Begriffs der göttlichen Wirklichkeit eine sachgemäße Paraphrase des Bultmannschen Gedankenganges erkennen, bedeutet doch für ihn die Bestimmtheit unserer Existenz durch Gott »zugleich den Anspruch Gottes auf uns«[207], der in der Begegnung mit dem Kerygma zum Ereignis wird. Von Gott reden, indem man von sich selber redet, heißt genauer gesagt: »Wir können von ihm

---

[201] Vgl. BULTMANN, Sinn, 28.

[202] Ebd.

[203] HÄRLE, Dogmatik, 211.

[204] A. a. O., 276 ff.

[205] A. a. O., 278.

[206] A. a. O., 279 f.

[207] BULTMANN, Sinn, 28.

reden, nur sofern wir von seinem auf uns gerichteten Wort, von seinem auf uns gerichteten Tun reden.«[208]

Wie aber ist dieses Wirken oder Handeln Gottes unter konstruktivistischem Vorzeichen zu denken? Grundlegend für konstruktivistische Theorien ist das Konzept autopoie-tischer Systeme. Kann der Mensch als Geschöpf Gottes, das sein Sein gerade nicht sich selbst verdankt, auch theologisch als autopoietisches System interpretiert werden?[209] Streng ge-nommen ist Autopoiesis ein Gottesattribut. Im Rahmen einer Schöpfungstheologie kann von Autopoiesis allenfalls im un-eigentlichen Sinn die Rede sein. Die Selbsthervorbringung von Systemen wäre dann nicht als *creatio ex nihilo*, sondern im Rahmen der Lehre von der *creatio continua* zu deuten.

Es stellt sich aber auch die Frage nach den anthropologi-schen und soteriologischen Konsequenzen des Autopoiesis-Modells. Theologisch gesprochen findet eine Transforma-tion des Schöpfungstheorems »in die Aura der Kreativität« statt.[210] Nun ist Selbstbildung, verstanden als Vervollkomm-nung der Individualität, zwar schon ein Ideal der Romantik gewesen. Doch in biomedizinischen Zusammenhängen rückt an »die Stelle des modernen, abstrakten Appells zur biogra-

---

[208] A. a. O., 36. Bultmann zitiert an dieser Stelle WILHELM HERRMANN, Die Wirk-lichkeit Gottes, Tübingen 1914, 42: »Von Gott können wir nur sagen, was er an uns tut.« (= WILHELM HERRMANN, Die Wirklichkeit Gottes, in: DERS., Schriften zur Grundlegung der Theologie, Teil II, hg. v. P. Fischer-Appelt [ThB 36/II], München 1967, 290–317, 314).

[209] Vgl. ULRICH H. J. KÖRTNER, Solange die Erde steht. Schöpfungsglaube in der Risikogesellschaft (Mensch – Natur – Technik 2), Hannover 1997, 52 ff.

[210] JEAN-PIERRE WILS, Der Mensch im Konflikt der Interpretationen, in: ADRIAN HOLDEREGGER/DENIS MÜLLER/BEAT SITTER-LIVER/MARKUS ZIMMERMANN-ACKLIN (Hg.), Theologie und biomedizinische Ethik. Grundlagen und Konkretio-nen (SThE 97), Freiburg i. Ue./Freiburg i. Br. 2002, 173–191, 176.

phischen Selbstverwirklichung und erst recht an die Stelle
der ›allopoietischen‹ Passivität des Menschen [...] die buch-
stäbliche Selbstschöpfung mittels der neuen Anthropotech-
niken«[211].

Das Stichwort der allopoietischen Passivität verweist auf
die schlechthinnige Abhängigkeit des Menschen nicht nur
im schöpfungstheologischen Zusammenhang, sondern auch
in Verbindung mit seinem Heil oder seiner Erlösung. Nach
konstruktivistischer Auffassung können Menschen als auto-
poietische Systeme »von der Umwelt nicht determiniert, sondern allenfalls perturbiert, d. h. ›gestört‹ und angeregt werden«[212]. Kann unter diesen Voraussetzungen noch im Sinne
Bultmanns von Gott als Alles *bestimmender* Wirklichkeit gesprochen werden? Mit einer solchen Theorie mag vielleicht
die tridentinische Rechtfertigungslehre der katholischen Kirche zusammengehen. Wie aber sollen sich Konstruktivismus
und reformatorische Rechtfertigungslehre, die auf dem *extra
nos* des Glaubens und dem *sola gratia* insistiert, zusammen-
reimen?

Namentlich Martin Luther argumentiert im Rahmen
seiner Rechtfertigungslehre, der Mensch könne das Heil nur
»mere passive« erlangen. Auch der Glaube ist Gabe, weshalb
nach Luther gilt: »Christianus est homo mere passivus, non
activus, der ym nur lesst geben. Si non sinis tibi dari, non es
Christianus.«[213] Zu den theologischen Herausforderungen
gehört die Frage, ob sich im reformatorischen Sinne »Passivi-

---

[211] A. a. O., 176.
[212] HORST SIEBERT, Pädagogischer Konstruktivismus. Lernzentrierte Pädagogik
in Schule und Erwachsenenbildung, Weinheim/Basel ³2005, 11.
[213] WA 34/II, 414, 4–6.

tät aus Passion«[214] auf der Basis konstruktivistischer Grund-
annahmen denken lässt, oder ob der Konstruktivismus gerade in diesem Punkt theologischer Kritik unterzogen werden muss. Das gilt ebenso für subjektivitätstheoretische Be-
gründungsversuche der Theologie, weshalb Petzoldt noch
stärker als Dalferth betont, dass es sich beim Begriff des Sub-
jekts nicht um eine fundamentaltheologische Letztbegrün-
dungskategorie, sondern lediglich um eine Aneignungskate-
gorie mit hermeneutischer Funktion handelt.

Dass das religiöse Subjekt im Aneignungsprozess des
Glaubens einen Wirklichkeitszusammenhang konstruiert,
stellt also auch Petzoldt nicht in Abrede. Zum besseren Ver-
ständnis dieses Prozesses lassen sich konstruktivistische Ein-
sichten theologisch in allen Disziplinen fruchtbar machen.
Fragwürdig wird eine konstruktivistische Interpretation des
Glaubensvollzugs jedoch dann, wenn sie den Glauben letzt-
lich als Werk des Menschen interpretiert. Dass der Mensch im
Prozess der Aneignung interpretierend und konstruierend
aktiv tätig ist, lässt sich theologisch vielleicht mit Hilfe von
Bultmanns Unterscheidung zwischen Werk und Tat fassen.
Der Glaube als Tat ist eben kein Werk, sondern auf paradoxe
Weise ein Tun *mere passive*.

Möglicherweise besteht in solchen theologischen Gedan-
kengängen ja eine produktive Herausforderung für die Neurowissenschaften, ihre anthropologischen Prämissen und
Schlussfolgerungen kritisch zu überdenken, und zwar nicht
nur im Blick auf die Erforschung von Religion.

---

[214] Vgl. PHILIPP STOELLGER, Passivität aus Passion. Zur Problemgeschichte einer
»categoria non grata« (HUTh 56), Tübingen 2010. Siehe auch INGOLF U. DAL-
FERTH, Umsonst. Eine Erinnerung an die kreative Passivität des Menschen,
Tübingen 2011.

5. Gottesglaube und Toleranz

5.1 REFORMATION UND TOLERANZ

Am Schluss dieses Buches steht ein selbstkritischer Blick auf das Erbe der Reformation. Denn von Ambivalenzen der Religion ist auch die Reformation nicht ausgenommen, die doch ihrerseits den Anspruch erhoben hat, das Christentum einem radikalen Läuterungsprozess zu unterziehen. Zu den Schattenseiten der Reformation gehört auch die Geschichte protestantischer Intoleranz, die das neu entdeckte Evangelium und die in ihm begründete Freiheit des Glaubens immer wieder verdunkelt hat.

Mit Fug und Recht hat man das Christentum in seiner reformatorischen Gestalt als Religion der Freiheit bezeichnet. Aus gutem Grund versteht sich die evangelische Kirche als Kirche der Freiheit. Freiheit ist ein Leitmotiv der gesamten Theologie Luthers, nicht nur seiner programmatischen Schrift *Von der Freiheit eines Christenmenschen* (1520). Selbst der Häresie bezichtigt, forderte Luther, die Ketzer nicht mit dem Feuer, sondern mit Schriften zu bekämpfen.[215] Und die Confessio Augustana von 1530 erklärt, die Bischöfe dürften ihr Amt – nämlich das Evangelium zu verkündigen, Sünden zu vergeben, Lehre zu beurteilen, dem Evangelium entgegenstehende Lehre zu verwerfen und die »Gottlosen, deren gottloses Wesen offenbar ist«, aus der Gemeinde auszuschließen – nur

---

[215] WA 1,624,36–38 und 625,4. Diese Aussage hat Papst Leo X. in seiner Bulle »Exsurge Domine« (1520) ausdrücklich verworfen (DH 1483).

allein mit der Macht des Wortes, nicht mit Gewalt ausüben:
»sine vi humana, sed verbo« (CA 28,21).[216] Doch mögen Luther
und die übrigen Reformatoren mit der Anerkennung, dass
auch ihre Gegner sich auf ihr Gewissen berufen können, über
die Position der mittelalterlichen Kirche hinausgehen, so haben sie dennoch kein rechtes Verhältnis zur Toleranz im modernen Sinne des Wortes entwickelt.

Allerdings finden sich, wie wir noch sehen werden, gerade
bei Luther wegweisende Überlegungen zu einer theologischen Begründung von Toleranz – spricht er doch im Zusammenhang mit der Rechtfertigungslehre von der Toleranz
Gottes –, aus denen sich ein spezifisch evangelisches Verständnis von Toleranz gewinnen lässt.[217] Mag also »die Toleranz den Reformatoren auch in die Wiege gelegt worden
sein«, so blieb sie, wie Helmut Kremers pointiert meint, »leider allzu oft darin liegen«[218].

»Reformation und Toleranz« ist »ein Thema der Scham-
und Schuldgeschichte der reformatorischen Kirchen«, wie
Thies Gundlach unumwunden einräumt.[219] Luther hat zwar
in Anlehnung an das Hohelied der Liebe in I Kor 13 davon gesprochen, dass die Liebe alles erdulde, dass es aber keine Toleranz in Glaubensfragen geben könne, wenn diese zu Lasten
der Wahrheit gehe: »Fides nihil, charitas omnia tolerat.«[220]

---

216 BSLK 124,9.

217 Vgl. GERHARD EBELING, Die Toleranz Gottes und die Toleranz der Vernunft,
   in: ZThK 78 (1981), 442–464.

218 Helmut Kremers, zitiert nach WALTER FLEISCHMANN-BISTEN, Die Stiefkinder
   der Reformation, in: Schatten der Reformation. Der lange Weg zur Toleranz. Das Magazin zum Themenjahr 2013 »Reformation und Toleranz«,
   Hannover 2012, 14–17, 16.

219 THIES GUNDLACH, Verdunkelter Christus, in: Schatten der Reformation, 4–6, 4.

220 WA 14, 669,14–18: »Charitas omnia suffert. Omnia tolerat, fides nihil suffert

Doch ließen es die Reformatoren wiederholt auch an der Toleranz der Liebe fehlen. Genauer gesagt wurde die Duldsam-
keit der Liebe durch die Intoleranz des Glaubens verdunkelt
oder verdrängt, der genau wie die katholische Kirche keine
Kompromisse kannte, wenn es um die Reinheit der Lehre
ging. Die Berufung auf die Autorität der Schrift – das *sola
scriptura* – verband sich ebenso wie bei den Gegnern mit
einer »singularisierenden Hermeneutik«[221], die in allen biblischen Geschichten die eine Heilsgeschichte suchte und auf
dieser Grundlage klar und scharf zwischen wahrer und falscher Religion glaubte unterscheiden zu können.

Zur Schuld- und Schamgeschichte der Reformation gehört die Verfolgung der Täufer und der Spiritualisten, die mit
Unterstützung Luthers und Melanchthons geschah. Dabei
waren doch jene »die ersten Wortführer der T[oleranz]«[222].
Mit dem Hinweis auf die Gewaltherrschaft des Täuferreiches
in Münster 1533/34 lässt sich ihre Verfolgung aus heutiger
Sicht nicht rechtfertigen. In lutherischen Gebieten gab es
selbst für die Anhänger Zwinglis und Calvins keine Toleranz.
Schüler Melanchthons, die dem Calvinismus zuneigten, wurden als Philippisten beschimpft oder als Kryptocalvinisten
aus ihren universitären und kirchlichen Ämtern entfernt.
Calvin wiederum war maßgeblich am Prozess gegen den An-

---

et verbum nihil tolerat ...«. WA 40/I, 21,7: »Caritatis est omnia tolerare, fidei
nihil.« Vgl. I Kor 13,7. Im griechischen Text heißt es: πάντα στέγει, [...]
πάντα ὑπομένει. Die Vulgata übersetzt: »omnia suffert [...] omnia susti-
net«.

221 Vgl. ODO MARQUARD, Frage nach der Frage, auf die die Hermeneutik die
Antwort ist, in: DERS., Abschied vom Prinzipiellen. Philosophische Studi-
en, Stuttgart 1981, 117–146, 129.

222 HEINRICH BORNKAMM, Art. Toleranz II. In der Geschichte des Christentums,
in: RGG³ VI, Tübingen 1962, 933–946, 939.

titrinitarier Michael Servet beteiligt. Lediglich für eine mildere Form der Hinrichtung setzte er sich ein, wenn auch vergeblich. So fand Servet den Tod auf dem Scheiterhaufen – obwohl doch Luther am Beginn der Reformation erklärt hatte, der Feuertod für Ketzer widerspreche dem Willen des Heiligen Geistes! Beschämend ist schließlich Luthers Polemik gegen die Juden in seiner Schrift »Von den Juden und ihren Lügen« (1543), die offen zur Gewalt aufruft – ganz im Gegensatz zu Luthers Schrift »Daß Jesus Christus ein geborener Jude sei« aus dem Jahr 1523.

Nun müssen diese und andere Texte selbstverständlich in ihrem historischen Kontext interpretiert werden. Gleiches gilt für das praktische Verhalten der Reformatoren gegenüber Andersdenkenden und Andersglaubenden. Dass zum Beispiel Servets Verurteilung unserem heutigen Verständnis von Gewissens- und Glaubensfreiheit widerspricht, bedarf keiner Diskussion. Aber das Genfer Urteil entsprach dem geltenden Recht im gesamten Heiligen Römischen Reich. Die Parallele, die Stefan Zweig in seinem Roman »Castellio gegen Calvin oder Ein Gewissen gegen die Gewalt«,[223] geschrieben 1935/36 im Exil, zur nationalsozialistischen Schreckensherrschaft zieht, ist daher historisch ebenso fragwürdig wie das Urteil des Schweizer Historikers Volker Reinhardt, Calvin habe in Genf eine »Tyrannei der Tugend« errichtet.[224] Reinhardt überträgt auf Calvin eine ursprünglich auf Robbespierre gemünzte Wendung. Zwischen dessen Terrorherrschaft mit Revolutionstribunal und Guillotine und Calvins Versuch, ein

---

[223] STEFAN ZWEIG, Castellio gegen Calvin oder Ein Gewissen gegen die Gewalt, Wien/Leipzig 1936.

[224] VOLKER REINHARDT, Die Tyrannei der Tugend. Calvin und die Reformation in Genf, München 2009.

christliches Gemeinwesen nach reformatorischen Grundsät-
zen aufzubauen, bestehen jedoch erhebliche Unterschiede.
Allerdings lässt sich feststellen, dass Ansätze religiöser Toleranz, die es beim jungen Calvin gegeben hat, in späterer Zeit
nicht mehr zu finden sind.[225] Was wiederum Luthers Unterstützung des politischen und militärischen Kampfes gegen
den linken Flügel der Reformation im Bauernkrieg betrifft,
so darf nicht übersehen werden, mit welch wüsten Beschimp-
fungen ein Thomas Müntzer den Tod Luthers herbeige-
wünscht hat. Tatsächlich gab es eine apokalyptische Strö-
mung mit erheblichem Gewaltpotential.

All diese historischen Differenzierungen ändern nichts an
der Schuld, die auch die Reformatoren auf sich geladen haben
und die bis heute – zumal vor dem düsteren Hintergrund des
Holocaust – das Verhältnis zum Judentum oder zu den Täufern und ihren Nachfahren, zu den Dissenters und den aus ihnen hervorgegangenen Freikirchen belastet. Reformations-
geschichte als Form der Relativierung oder gar als Versuch der
nachträglichen Rechtfertigung zu betreiben, wäre eine ganz
und gar unangemessene Weise, sich auf das Reformations-
jubiläum 2017 vorzubereiten. Auch im Gespräch mit der
römisch-katholischen Kirche wäre es völlig unangemessen,
Schuld und Fehlverhalten in Reformation und Gegenrefor-

---

[225] Vgl. dazu CHRISTOPH STROHM, Calvin und die religiöse Toleranz, in: Martin
E. Hirzel/Martin Sallmann (Hg.), 1509 – Johannes Calvin – 2009. Sein Wirken in Kirche und Gesellschaft. Essays zum 500. Geburtstag, Zürich 2008,
219–236. In der »Institutio« von 1536 finden sich Aussagen, in denen Calvin
Gewalt zur Bekehrung Andersgläubiger oder gegen Ketzer ablehnt. »Solange also uns noch Gottes Urteil ungewiß ist, steht es nicht in unserer Befug-
nis, ein Einzelurteil über die Zugehörigkeit zur Kirche zu fällen« (Inst. II
[1536]; OS I,91). Diese Passage ist bezeichnenderweise in den späteren Aus-
gaben gestrichen worden. Vgl. STROHM, a. a. O., 227.

mation gegeneinander aufwiegen zu wollen. Es gilt vielmehr, historische Schuld und Intoleranz beim Namen zu nennen und nach Wegen der Versöhnung mit den Nachfahren jener zu suchen, an deren Verfolgung die Kirchen der Reformation Mitschuld tragen.

So hat z. B. die Generalsynode der Evangelischen Kirchen A. und H. B. in Österreich 1998 in ihrem Wort *Zeit zur Umkehr – Die Evangelischen Kirchen in Österreich und die Juden* ohne Einschränkung erklärt:

> »Uns evangelische Christen belasten [...] die Spätschriften Luthers und ihre Forderung nach Vertreibung und Verfolgung der Juden. Wir verwerfen den Inhalt dieser Schriften.«[226]

Im Jahr 2010 hat der Lutherische Weltbund die Mennoniten um Vergebung gebeten. Bereits 2007 haben die reformierten Kirchen der Schweiz die Nachfahren der Täufer um Vergebung gebeten. Im selben Jahr gab es in Innsbruck einen ökumenischen Gedenkakt und einen gemeinsamen Gottesdienst, an dem sich neben der evangelischen Kirche und der römisch-katholischen Kirche die katholische Friedensbewegung Pax Christi und die Arbeitsgemeinschaft evangelikaler Gemeinden beteiligten. Anwesend waren auch drei Hutterische Familien, die man aus Kanada eingeladen hatte.

Die Erklärung des Lutherischen Weltbundes von 2010 beginnt mit der Feststellung:

> »Wenn Lutheranerinnen und Lutheraner sich heute mit der Geschichte der Beziehungen zwischen Lutheranern und Mennoniten im 16. Jahrhundert und danach beschäftigen, [...] empfinden sie tiefes

---

[226] *Zeit zur Umkehr – Die Evangelischen Kirchen in Österreich und die Juden*, Wien 1998, 3 (Abschnitt IV).

Bedauern und Schmerz über die Verfolgung der Täufer durch lutherische Obrigkeiten und besonders darüber, dass lutherische Reformatoren diese Verfolgung theologisch unterstützt haben.«

Weiter heißt es:

»[Wir] bitten [...] um Vergebung für das Leiden, das unsere Vorfahren im 16. Jahrhundert den Täufern zugefügt haben, für das Vergessen oder Ignorieren dieser Verfolgung in den folgenden Jahrhunderten und für alle unzutreffenden, irreführenden und verletzenden Darstellungen der Täufer und Mennoniten, die lutherische AutorInnen bis heute in wissenschaftlicher oder nichtwissenschaftlicher Form verbreitet haben.«[227]

Dass das Lutherische Schuldbekenntnis von mennonitischer Seite positiv aufgenommen worden ist und weitere Schritte der Versöhnung möglich wurden, kann uns nur mit großer Dankbarkeit erfüllen.

Religiöse Toleranz, auf die ich mich in diesem Kapitel beschränken möchte, also Toleranz in Glaubensdingen, und Toleranz als Terminus technicus des Staatskirchenrechts oder, modern gesprochen, des Religionsrechts, sind eine Frucht der Aufklärung und eine Konsequenz, welche die aufgeklärte Vernunft aus dem konfessionellen Bürgerkrieg gezogen hat.[228] Sie hat sich von der eingeschränkten Duldung und Privilegierung – man denke an das Toleranzpatent Josefs II. für die österreichischen Protestanten 1781 und sein Patent für die Juden aus dem darauffolgenden Jahr – bis zur gleichberechtig-

---

[227] Das Dokument ist unter www.lwb-vollversammlung.org/uploads/media/Mennonite_Statement-DE_04.pdf zu finden (Stand: 3.12.2013).

[228] Vgl. auch Trutz Rendtorff (Hg.), Glaube und Toleranz. Das theologische Erbe der Aufklärung, Gütersloh 1982. Darin ist auch nochmals der Aufsatz von Ebeling (s. Anm. 217) abgedruckt (54–73).

ten Anerkennung unterschiedlicher religiöser Bekenntnisse durch den inzwischen säkularen Rechtsstaat entwickelt. Während Toleranz als materielle Bestimmung des staatlichen Religionsrechtes von der Anerkennung unterschiedlicher Religionen und Weltanschauungen abgelöst worden ist, bleibt sie auf der Ebene der Individuen eine erwünschte, ja sogar notwendige Bürgertugend im weltanschaulich neutralen Staat.[229]

Wenn es darum geht, das Verhältnis zwischen Reformation, Aufklärung und Toleranz genauer zu bestimmen, hat man sich freilich vor allzu einfachen Erklärungsmustern und falschen Alternativen zu hüten. Zunächst ist das Verhältnis zwischen Reformation und Aufklärung komplex. Weder ist die Aufklärung als kontinuierliche Weiterentwicklung der Reformation noch als völlige Abkehr von dieser zu verstehen. Sodann wäre es falsch, Reformation oder Religion überhaupt mit Intoleranz und Gewalt, Aufklärung dagegen mit Toleranz und Friedfertigkeit gleichzusetzen. Zur Dialektik der Aufklärung gehört, dass auch die Ideale der Vernunft in eine gewalttätige Intoleranz gegen alle vermeintliche Unvernunft umschlagen können. Das Gewaltpotential der Aufklärung entlud sich paradigmatisch in der Französischen Revolution. Und auch eine totalitäre Ideologie wie der Marxismus-Leninismus, die ein politisches System der Unterdrückung hervorgebracht und zahllose Menschenleben gefordert hat, versteht sich selbst als Fortsetzung der Aufklärung mit revolutionären Mitteln.

---

[229] Vgl. Hans Michael Heinig, Bürgertugend, nicht Staatspflicht. Über das schwierige Verhältnis von Toleranz und Recht, in: Schatten der Reformation, 8–11.

Sodann ist zu bedenken, dass religiöse Toleranz im Sinne der Aufklärung letzten Endes nur um den Preis zu haben ist, dass die Frage nach der Wahrheit suspendiert wird. Weltanschauliche Neutralität – und das heißt eben auch in einem gewissen Grade die Suspendierung der Wahrheitsfrage – ist zwar um des innerstaatlichen Friedens willen aus gutem Grund ein Gebot des modernen demokratischen Rechtsstaates. Sie ist aber keine Disposition der einzelnen Bürgerinnen und Bürger. Die weltanschauliche Neutralität des Staates setzt vielmehr voraus, dass die Bürger keineswegs weltanschaulich neutral sind, sondern ganz im Gegenteil starke weltanschauliche oder religiöse Überzeugungen haben, deren Pluralität und deren mögliche Konfliktträchtigkeit mit den Mitteln des Rechts befriedet werden sollen. Die weltanschauliche Neutralität des Staates hat allerdings gerade zur Voraussetzung, dass die Wahrheitsfrage in religiösen und weltanschaulichen Fragen von seinen Bürgern keineswegs beiseite geschoben, sondern im Gegenteil mit Ernst gestellt und diskutiert wird – oder doch werden kann – und dass dabei gegensätzliche Wahrheitsansprüche miteinander konfligieren können.

Auf der Ebene der Individuen und der Religions- oder Weltanschauungsgemeinschaften gilt keineswegs, tolerieren oder dulden heiße beleidigen, wie Goethe kritisiert hat.[230] Jedenfalls muss es das nicht bedeuten, sofern zwischen der Person und ihren Überzeugungen unterschieden wird. Allerdings darf jede Person Anspruch auf Anerkennung durch andere Personen erheben. Doch wenn Goethe die Toleranz als

---

[230] Vgl. JOHANN WOLFGANG V. GOETHE, Maximen und Reflexionen, in: Goethes Werke, Bd. XII, Hamburg ³1958, 318, Nr. 151: »Toleranz sollte eigentlich nur eine vorübergehende Gesinnung sein: sie muß zur Anerkennung führen. Dulden heißt beleidigen.«

eine nur übergangsweise akzeptable Haltung bezeichnet, die durch Anerkennung abzulösen sei, scheint er genau diesen Unterschied zwischen der Person und ihren Überzeugungen nicht zu machen. Folglich wird in seiner Forderung nach Anerkennung die Frage nach der Wahrheit dessen, was da anerkannt werden soll, ausgeklammert oder vergleichgültigt.

Gemeinhin gilt die Ringparabel aus Lessings Drama »Nathan der Weise« als eine wegweisende Konzeption für interreligiöse Toleranz. Sie erzählt, dass drei Söhne von ihrem Vater drei gleich aussehende Ringe erhalten. Allerdings kann nur einer von ihnen der echte sein, den der Vater einst trug. Um den unter den Brüdern ausbrechenden Streit zu schlichten, gehen sie vor Gericht. Die Echtheits- bzw. die Wahrheitsfrage lässt sich nach Ansicht des Richters jedoch nicht entscheiden. Deshalb legt er den Brüdern eine andere Frage als Prüfstein vor, nämlich wer unter ihnen der beliebteste sei und von den beiden übrigen besonders geliebt werde. Diese Prüfung können die Brüder nicht bestehen, es sei denn um den Preis des Eingeständnisses, selbst nicht im Besitz des echten Ringes zu sein. Zum Schluss vermutet der Richter gar, der echte Ring sei vermutlich verloren gegangen. Er fordert die drei Brüder jedoch auf, weiter an die Echtheit ihres Ringes zu glauben und dies durch ein Verhalten unter Beweis zu stellen, das sich durch vorurteilsfreie Liebe und Verträglichkeit auszeichnet.

Dass Lessings Ringparabel einen wegweisenden Beitrag zum Toleranzproblem leistet, stellt der evangelische Theologe Wilfried Härle mit triftigen Argumenten in Abrede.[231]

---

[231] Vgl. WILFRIED HÄRLE, Wahrheitsgewissheit als Bedingung von Toleranz, in: DERS., Spurensuche nach Gott. Studien zur Fundamentaltheologie und Gotteslehre, Berlin/New York 2008, 109–131, 118 ff.

Statt echter Toleranz beschreibt die Ringparabel eine Haltung religiöser Indifferenz, weil die Wahrheitsfrage suspendiert wird und in der Folge die möglicherweise konfligierenden Geltungsansprüche der verschiedenen Religionen gar nicht ernstgenommen werden. Religion wird folgerichtig auf Moralität reduziert.

Nun gehören aber die Moralisierung der Religion durch die Aufklärung und die mit ihr verbundene religiöse Indifferenz zu den Ursachen, weshalb sich die moderne säkulare Gesellschaft gegenüber dem Wiedererstarken von Religion und religiösen Fundamentalismen einigermaßen hilflos zeigt. In dieser Hilflosigkeit zeigt sich letztlich die Schwäche von Lessings Modell eines interreligiösen Dialogs.

Toleranz setzt nicht die Verabschiedung des eigenen Wahrheitsverständnisses, sondern, im Gegenteil, seine Präsenz voraus. Was ich nicht als Infragestellung eigener Überzeugungen und Gewissheiten ernst nehme, wird von mir nicht etwa toleriert, sondern einfach nicht weiter beachtet. Toleranz bedeutet etwas anderes als Weitherzigkeit und freundliches Wohlwollen. Darin kann in der Tat eine Form der Herabwürdigung bestehen. Doch Toleranz zollt dem Gegenüber und seinen Überzeugungen gerade darin Wertschätzung und Anerkennung, dass diese ernst genommen, jedoch nicht unterdrückt werden. Die Haltung der Toleranz lässt etwas gelten, dessen Geltungsanspruch zugleich bestritten wird. Das klingt paradox und ist es auch, aber gerade darin besteht ein wesentlicher Grundzug von Toleranz. Toleranz im gehaltvollen Sinne des Wortes bedeutet das Ertragen oder Dulden von etwas, dessen Geltungsanspruch von demjenigen, der sich tolerant zeigt, gerade nicht geteilt wird.

Das Verhältnis von Reformation und Toleranz soll nun nicht weiter in historischer, sondern in systematischer Perspektive erörtert werden. Es geht, anders gesagt, um die Frage, ob und, wenn ja, welche Einsichten und Impulse sich im Erbe reformatorischer Theologie entdecken lassen, von denen her sich ein spezifisch theologisches Verständnis von Toleranz für unsere Gegenwart entwickeln lässt. Wir können auch sagen, dass wir nach einem intrinsisch motivierten Toleranzverständnis reformatorischer Prägung fragen und nicht etwa nur eine Antwort zu geben versuchen, in welcher Weise heutzutage die evangelischen Kirchen aus extrinsischen Motiven – d. h. aus Gründen des staatlichen Rechtes oder aus pragmatisch-politischen Erwägungen – Toleranz üben, die Religions- und Gewissensfreiheit nicht nur für sich einfordern, sondern für jedermann gelten lassen und die weltanschauliche Neutralität des demokratisch verfassten Rechtstaates respektieren.

Die Frage lautet mit anderen Worten: Gibt es ein evangelisches, nämlich ein im Evangelium von Jesus Christus gründendes Verständnis von Toleranz, und wenn ja: Was sind seine praktischen Konsequenzen für die Kirche wie für die einzelnen Christen? Und welchen Beitrag kann ein solches Toleranzverständnis zum Toleranzdiskurs unserer Gesellschaft leisten?

Wir werden im Folgenden zunächst den Begriff der Toleranz genauer klären (5.2). Angeregt durch Luther wenden wir uns sodann dem Gedanken der Toleranz Gottes und seiner biblischen Begründung zu (5.3). Anschließend diskutieren wir, was aus der Toleranz Gottes für den christlichen Glauben und seine Praxis folgt (5.4). Anhand eines konkreten Beispiels werden wir zum Schluss erörtern, in welcher Weise evangelischer Glaube gesellschaftlich zu einer Kultur der Toleranz beitragen kann, aber auch, wo die Grenzen der Toleranz liegen (5.5).

5.2 WAS IST TOLERANZ?

Was im religiösen und religionsrechtlichen Zusammenhang
unter Toleranz zu verstehen ist, kann nicht allein begriffsge-
schichtlich geklärt werden, weil die seit der Aufklärung unter
dem Begriff der Toleranz bezeichnete Sache auch unter anderen Bezeichnungen wie Gewissensfreiheit oder Religionsfreiheit in Erscheinung tritt.[232] Das lateinische *tolerare* heißt »erdulden, ertragen«. Die Stoa kennt die Tugend der *tolerantia*,
die Fähigkeit, Widrigkeiten des Lebens und des Schicksals zu
erdulden, die Fähigkeit, Leiden zu ertragen, ohne zu klagen.
Tolerantia in diesem Sinne ist gleichbedeutend mit *patientia*,
sufferentia oder *sustinentia*. Mit der Tugend des Erduldens
hängt wiederum die Tugend der Geduld oder der Duldsam-
keit zusammen. Auch in der christlichen Tradition ist der
Einfluss des stoischen Toleranzideals wirksam geworden.

Toleranz in dem uns beschäftigenden Sinne geht freilich
über diese spätantike Tugend hinaus. Nach der allgemeinen
Definition von Gisela Schlüter und Ralf Grötker ist Toleranz
»die Duldung von Personen, Handlungen oder Meinungen, die
aus moralischen oder anderen Gründen abgelehnt werden; sie
wird meist öffentlich von Individuen oder Gruppen entweder
praktiziert oder gefordert und argumentativ begründet«[233].
Toleranz in diesem Sinne ist ein »Konfliktbegriff«, ist doch »ein
Konflikt zwischen Werten bzw. Wahrheitsansprüchen, die sich
nicht zur Deckung bringen oder zumindest in ein abgestuftes

---

[232] Zur Begriffsgeschichte siehe KLAUS SCHREINER/GERHARD BESIER, Art. Toleranz, in: Geschichtliche Grundbegriffe, hg. v. O. Brunner u. a., Bd. 6, Stuttgart 1990, 445–605; GISELA SCHLÜTER/RALF GRÖTKER, Art. Toleranz, in: Histori-
sches Wörterbuch der Philosophie, Bd. 10, Basel 1998, 1251–1262.

[233] SCHLÜTER/GRÖTKER, Toleranz, 1251.

Verhältnis zueinander setzen lassen«[234], konstitutiv für die unterschiedlichen Formen von Toleranz.

Der Begriff der Toleranz hat nun einerseits eine formale, andererseits eine materiale Bedeutung. Unter formaler Toleranz ist religionswissenschaftlich die Akzeptanz einer fremden Religion und ihrer Ausübung durch ihre Anhänger in einer mehrheitlich religiös anders orientierten Umgebung zu verstehen. Von ihr ist die materiale, inhaltliche Toleranz zu unterscheiden, welche sich nicht auf die Duldung einer fremden Religionsgemeinschaft beschränkt, sondern andere Religionen positiv als eine legitime Möglichkeit der Begegnung mit Gott, dem Göttlichen oder dem Heiligen anerkennt.[235]

Neben der Unterscheidung zwischen formaler und inhaltlicher Toleranz sind weitere Einteilungen möglich. Gerhard Ebeling unterscheidet beispielsweise zwischen geregelter und spontaner Toleranz.[236] Während er unter spontaner Toleranz eine Haltung oder Praxis von Individuen versteht, denkt er bei geregelter Toleranz an Gesetze, aber auch an gesellschaftliche Konventionen. Im Blick auf die deutsche

---

[234] ECKEHART STÖVE, Art. Toleranz I. Kirchengeschichtlich, in: TRE 33, Berlin/ New York 2002, 646-663, 646.

[235] Die Unterscheidung zwischen formaler und inhaltlicher oder materialer Toleranz geht auf Gustav Mensching zurück (s.u. Anm. 238). Vgl. PETER GERLITZ, Art. Toleranz III. Religionsgeschichtlich, in: TRE 33, Berlin/New York 2002, 668-676, 668. Gerlitz hält Menschings Unterscheidung nicht für ausreichend und differenziert – m. E. etwas überkomplex – zwischen zehn verschiedenen Formen der Toleranz (eklektizistische, synkretistische, dialogische, rationale, partielle, zweckorientierte und temporäre, tribale, ethische Toleranz, Toleranz im Zusammenhang mit Konversion sowie Quasi-Toleranz).

[236] Vgl. EBELING, Toleranz Gottes, 457 f. Im Anschluss daran HARTMUT ROSENAU, Art. Toleranz II. Ethisch, in: TRE 33, Berlin/New York 2002, 664/668, 664.

Rechtsordnung und die anderer europäischer Staaten muss man allerdings sagen, dass die Stufe einer geregelten Toleranz zugunsten der wechselseitigen Anerkennung aller Bürger als frei und gleich, d. h. zugunsten der freiheitlichen Gleichberechtigung in religiösen und weltanschaulichen Belangen überwunden ist.

Eckehart Stöve schlägt vor, zwischen pragmatischer Toleranz, Konsensus-Toleranz und dialogischer Toleranz zu unterscheiden.[237] Während pragmatische Toleranz um eines höheren Gutes wie etwa des Friedens willen auf die Durchsetzung der eigenen Wahrheitsansprüche und Wertvorstellungen verzichtet, sucht die Konsensus-Toleranz das inhaltlich Verbindende, das über der dem Trennenden steht oder ihm zugrunde liegt. Dialogische Toleranz setzt nach Stöve das Bewusstsein für die historische Bedingtheit und kulturelle Variabilität aller Formulierungen von Werten und Überzeugungen voraus und fragt, inwieweit anderslautende Wahrheiten das eigene Denken bereichern können.

Beim Begriff der Konsensus-Toleranz ist nicht nur an die Religionsgespräche der Reformationszeit, sondern auch an die ökumenischen Bemühungen um theologische Konsense in der jüngeren Vergangenheit und Gegenwart zu denken. Man denke etwa an die Leuenberger Konkordie von 1973 oder an die Gemeinsame Erklärung des Lutherischen Weltbunds und der römisch-katholischen Kirche zur Rechtfertigungslehre aus dem Jahr 1999. Allerdings erscheint es in beiden Fällen zweifelhaft, noch von Toleranz zu sprechen. In der Leuenberger Konkordie erklären die Signatarkirchen, »daß sich ihr Verhältnis zueinander seit der Reformationszeit gewandelt

---

[237] Vgl. STÖVE, Toleranz, 647.

hat« (LK 3). Die Konkordie formuliert ein gemeinsames Verständnis des Evangeliums, das für hinreichend gehalten wird,
»um Kirchengemeinschaft zu erklären und zu verwirklichen«
(LK 1). Wo die in der Leuenberger Konkordie getroffenen Fest-
stellungen zur Rechtfertigungslehre, zu Taufe und Abendmahl, zu Christologie und Prädestinationslehre anerkannt
werden, wissen sich die beteiligten Kirchen in ihrer Lehre
nicht länger durch die Verwerfungen betroffen, die in den reformatorischen Bekenntnissen ausgesprochen worden sind.
»Damit werden die von den Vätern vollzogenen Verwerfungen nicht als unsachgemäß bezeichnet. Sie sind jedoch kein
Hindernis mehr für die Kirchengemeinschaft.« (LK 27) Die
kontradiktorischen Gegensätze der Reformationszeit gelten
somit als in der Gegenwart überwunden. Wenn im Blick auf
die nun mögliche Kirchengemeinschaft von Einheit in ver-
söhnter Verschiedenheit gesprochen wird, ist die Anerkennung der Unterschiede gerade nicht mehr eine Form der Toleranz, welche doch im Erdulden des vom eigenen Standpunkt aus Unannehmbaren bestünde. Aber auch die Formel
vom differenzierten Konsens, den die Gemeinsame Erklärung
zur Rechtfertigungslehre gefunden zu haben glaubt, geht
doch über Toleranz hinaus, auch wenn der formulierte Konsens von katholischer Seite nach wie vor nicht für hinreichend
angesehen wird, um Kirchengemeinschaft mit den lutherischen Kirchen zu erklären.

Ich orientiere mich im Folgenden an der grundlegenden
Unterscheidung zwischen formaler und inhaltlicher oder
materialer Toleranz. Geht man von einem vereinfachten Modell verschiedener Religionstypen aus,[238] gibt es zunächst die

---

[238] Vgl. GUSTAV MENSCHING, Art. Toleranz I. Religionsgeschichtlich, in: RGG³ VI,
Tübingen 1962, 932-933.

Volksreligionen. Sie sind grundsätzlich inhaltlich tolerant, insofern sie anderen Völkern ihre eigenen Gottheiten zugestehen. Diese inhaltliche Toleranz wandelt sich freilich in formale Intoleranz um, sobald die Konkurrenz mehrerer Religionen die staatliche Einheit gefährdet.

Dann gibt es Universalreligionen. Prophetische Universalreligionen sind inhaltlich intolerant, weil sie sich exklusivistisch darstellen und einen Absolutheitsanspruch stellen, der unter Umständen die Existenz Andersgläubiger und ihrer religiösen Praxis duldet, aber den Wahrheitsanspruch ihrer Religion nicht gelten lässt. In formaler Hinsicht müssen prophetische Universalreligionen nicht intolerant sein, während inhaltliche Toleranz geradezu ein Grundzug der sogenannten mystischen Universalreligionen ist.

Das Dilemma jedes universalreligiösen Absolutheitsanspruches besteht nun darin, dass er sich nicht nur gegen andere Religionen, sondern auch gegen jede Gestalt der eigenen Religion richtet. Denn jede soziale, kultische und theoretische Gestalt einer Religion ist notwendigerweise partikular. Faktisch kann der Absolutheitsanspruch also nur erhoben werden, indem allein eine bestimmte, das heißt aber partikulare Gestalt von Religion für legitim erklärt wird. Der Absolutheitsanspruch zerfällt demnach in eine Vielzahl konkurrierender Absolutheitsansprüche. Der zwischen ihnen aufbrechende Konflikt lässt sich aufgrund der ihnen inhärenten inhaltlichen Intoleranz nicht theoretisch lösen, sondern einzig durch die Ausübung politischer Macht und äußerstenfalls von Gewalt zugunsten einer der im Streit liegenden Gruppen oder Kirchen entscheiden.

Sofern es keiner Gruppierung gelingt, dauerhaft die Oberhand zu gewinnen, droht die Gefahr des konfessionellen Bürgerkriegs, zu dem es ja innerhalb des christlichen Europa im

Zeitalter der Reformation und Gegenreformation auch tatsächlich gekommen ist.

Für die Entwicklung eines christlichen Verständnisses von Toleranz, das aus der Mitte des Glaubens heraus begründet ist, hat die moderne ökumenische Bewegung eine wichtige Rolle gespielt. Im ökumenischen Gedanken gelangen die christlichen Kirchen über einen bloß formalen Toleranzbegriff hinaus und gewinnen ein – zunächst innerchristliches, auf den Pluralismus der Konfessionen beschränktes – Verständnis von inhaltlicher Toleranz, welches dezidiert theologisch begründet wird und die Anerkennung der konfessionellen Vielfalt gestattet, ohne dass der universale Geltungsanspruch des christlichen Glaubens preisgegeben wird.

Die Wurzeln eines ökumenischen Toleranzverständnisses im 19. und 20. Jahrhundert können hier nicht umfassend bloßgelegt werden. Eine dieser Wurzeln ist die Erfahrung, dass die konfessionelle Zersplitterung des Christentums in Kirchen und christliche Gemeinschaften, die einander das Christsein absprechen, den christlichen Glauben in der Neuzeit zutiefst unglaubwürdig gemacht hat. Ganz praktisch wurde diese Erfahrung auf dem Gebiet der Mission gemacht, wo die Konkurrenz einer Vielzahl von Missionsgesellschaften den Absolutheitsanspruch des Christentums ad absurdum führte.

Die ökumenische Bewegung lebt von der Einsicht, dass zwischen dem Absolutheitsanspruch Gottes und jedem Autoritätsanspruch der verschiedenen Kirchen streng zu unterscheiden ist, weil letzterer immer nur partikular ist. Der Glaube an Gott impliziert die Annahme einer letzten Wahrheit, in deren Vollbesitz keine einzige vorfindliche Kirche ist. Jeder Versuch, die letztgültige Wahrheit auszusagen, die sich für den christlichen Glauben mit der Offenbarung Gottes in Jesus von Nazareth verbindet, bleibt notwendigerweise partikular. Was zunächst als konfessionelle Zersplitterung der einen geglaubten Kirche erscheint, erweist sich in ökumenischer Perspektive als Vielfalt des vom Geist Gottes gewirkten Lebens aus Glauben, welche zu wechselseitiger Bereicherung und vertiefter Erkenntnis der Wahrheit führt.

Es reicht theologisch allerdings nicht aus, die Vielfalt der Konfessionen lediglich pneumatologisch zu interpretieren. In Anbetracht fortbestehender Trennungen und lehrmäßiger Differenzen, die teilweise weiterhin kontradiktorischen Charakter tragen, muss das Problem der Kirchentrennungen, ihrer historischen Ursachen und ihrer theologischen Begründungen auch kreuzestheologisch bedacht werden.

Damit komme ich nun auf Luther zurück, der im Zusammenhang mit der Rechtfertigungslehre den Gedanken der Toleranz Gottes in einer Weise formuliert hat, die auch für den heutigen ökumenischen Kontext bedeutsam ist.

5.3 DIE TOLERANZ GOTTES

In den Jahren 1535 bis 1537 verfasste Luther Thesen für fünf Disputationen über Röm 3,28. In der dritten Disputation (1536)[239] findet sich an zentraler Stelle die Formulierung von der *tolerantia Dei*. Es handelt sich keineswegs nur um eine beiläufige Bemerkung. Vielmehr könnte die Thesenreihe »als ganze die Überschrift tragen: Das Geheimnis der Toleranz Gottes«[240], wie Gerhard Ebeling kommentiert, der die Bedeu-

---

[239] WA 39/I, 82–86. Text und Übersetzung werden im Folgenden zitiert nach: MARTIN LUTHER, Lateinisch-deutsche Studienausgabe (LDStA), Bd. 2, hg. u. eingel. von J. Schilling, Leipzig 2006, 424–429 (Übersetzung: H. Zschoch).
[240] EBELING, Toleranz Gottes, 451.

tung dieses Textes für das Toleranzproblem in einem Vortrag aus dem Jahr 1981 herausgestellt hat.

Einleitend stellt Luther fest, dass nach Paulus für die Rechtfertigung des Menschen vor Gott eine andere Regel als für seine Rechtfertigung vor den Menschen gilt (These 1), weil er Glaube und Werke klar entgegenstellt und jede Rechtfertigung des Menschen vor Gott durch seine Werke zurückweist. Im Sinn der paulinischen Kreuzestheologie[241] findet der Glaubende bei Gott Anerkennung und Rechtfertigung, während er bei den Menschen wie bei sich selbst nichts als Schimpf und Schande erntet (These 4). Luther spricht von dem Geheimnis Gottes (*mysterium Dei*) bzw. von dem wundersamen Rätsel (*problema*), »dass Gott eine Gerechtigkeit belohnt, die er selbst für Ungerechtigkeit und Bosheit hält« (These 10). Luther wählt für Gottes Verhalten folgenden Vergleich:

> »Das ist so ähnlich, als würde ein Fürst einen bösen Knecht dulden (*toleret*), weil er ihn nur mit erheblicher Gefahr für seine eigene Herrschaft töten kann. Deshalb darf man weder auf die Person eines Gottlosen sehen, der Gerechtigkeit übt, noch auf die Vortrefflichkeit eines solchen Werkes, sondern auf die unvergleichliche Geduld (*tolerantia*) und Weisheit Gottes, der das kleinere Übel erträgt, damit nicht alles durch ein größeres Übel umgestürzt wird, so wie man ein Geschwür oder Hinken oder ein anderes unheilbares Gebrechen am Leibe erträgt um der Notwendigkeit willen, das leibliche Leben zu erhalten.« (Thesen 12–15)

Gott aber vergibt dem Sünder um Christi und seiner Gerechtigkeit willen. Diese ist »außerhalb von uns und uns fremd (*extra nos et aliena nobis*)« (These 27). Der Glaube rechtfertigt ohne Werke, tut aber in Christus »wahrhaft gute Werke« (These 31). Die Sünde ist »durch die Vergebung weggenom-

---

[241] Vgl. I Kor 1,17 ff.

men [...], als ob es sie nicht gäbe« (These 34). Doch muss diese Aussage im eschatologischen Kontext verstanden werden. Denn mit dem rechtfertigenden Glauben »geht der Anfang der Neuschöpfung einher und der Kampf gegen die Sünde des Fleisches, die in ebendiesem Glauben an Christus vergeben und besiegt ist« (These 35).

Wenn Luther von der *tolerantia Dei* spricht, hat er nicht den durch die Aufklärung geprägten Toleranzbegriff im Sinn. Man darf daher von Luther auch keinen unmittelbaren Beitrag zum Toleranzproblem in der Moderne erwarten. Dennoch lässt sich eine Verbindung herstellen, ohne dem Text Luthers Gewalt anzutun. Zunächst einmal fällt auf, dass die Wendung *tolerantia Dei* in der Luther vorangehenden Tradition nicht gebräuchlich ist. Sie findet sich nicht in der Gotteslehre der klassischen Dogmatik, die zwar die Barmherzigkeit (*misericordia*) und Geduld (*patientia*), nicht aber die *tolerantia* unter den Eigenschaften Gottes aufführt. Auch wenn die biblische Tradition von der Eifersucht Gottes spricht, der jede Verehrung fremder Götter und jede Missachtung seiner Gebote bestraft,[242] ist doch namentlich bei Paulus auch vom Gott der Geduld (Vulgata: *Deus patientiae*) die Rede,[243] der Langmut (*longanimitas*) übt[244]. Die Langmut Gottes – seine μακροθυμία[245] – bildet in Röm 2,4 eine Trias mit seiner Güte (χρηστότης) und seiner Geduld (ἀνοχή). Luthers Rede von der *tolerantia Dei* findet also durchaus Anhalt am biblischen Sprachgebrauch, entspricht aber keinem in der Tradition geläufigen Topos.[246]

---

[242] Ex 20,3–6; Dtn 5,7–11.

[243] Röm 15,5: θεὸς τῆς ὑπομονῆς.

[244] Röm 2,4.

[245] Vgl. Röm 9,22; II Petr 3,9.15.

[246] Vgl. EBELING, Toleranz Gottes, 449.

Dass Luthers Gedanke der *tolerantia Dei* durchaus etwas mit dem moralischen und rechtlichen Toleranzproblem zu tun hat, zeigt der von ihm gewählte Vergleich, mit dessen Hilfe er das Verhalten Gottes verständlich zu machen versucht, ist doch die Rechtfertigung des Gottlosen nach irdischen Maßstäben ein Skandalon. Sein Vergleich Gottes mit einem Fürsten, der das Übel und den Übeltäter erträgt, um schlimmeres Übel zu verhüten, findet sich schon bei Thomas von Aquin, der sich seinerseits auf Augustin berufen hat, und zwar im Zusammenhang mit der Frage, unter welchen Umständen die religiösen Riten der Häretiker oder der Nichtchristen zu dulden seien.[247] Doch während Thomas aus der göttlichen Weltregierung, die das Böse bisweilen zulässt, um Schlimmeres zu verhüten, ethische Schlussfolgerungen für den Umgang mit Nichtchristen und Häretikern zieht, geht es Luther genau umgekehrt darum, die Klugheit weltlicher Herrscher als entfernte Analogie für das Handeln Gottes zu gebrauchen, »um zugleich die tiefe Andersartigkeit von Gottes Toleranz deutlich werden zu lassen«[248]. Luther sucht also nicht nach einer theologischen Begründung ethischen Verhaltens, sondern sein Thema – die Rechtfertigung des Sünders und die in ihr zur Geltung kommende Gerechtigkeit Gottes – ist ein dezidiert theologisches. »Er lässt die Aussagen über die Toleranz Gottes als reinen Indikativ stehen.«[249]

Die Toleranz Gottes erschöpft sich nicht darin, das Böse und den sündigen Menschen zu dulden, sondern sie zielt auf die eschatologische Neuschöpfung des Menschen, wie in der Schlussthese der dritten Thesenreihe zur Disputation über

---

[247] Vgl. THOMAS V. AQUIN, STh II–II q. 10 a. 11.
[248] EBELING, Toleranz Gottes, 455.
[249] HÄRLE, Wahrheitsgewissheit, 118.

Röm 3,28 von Luther deutlich wird, und auf das zukünftige Reich Gottes. So heißt es in den Thesen 18 bis 20:

> »Im Vergleich mit der Größe seiner eigenen Güte hält Gott es nämlich für gering, so unwürdigen und bösen Gerechten oder Heiligen so reichlich und so große Gaben zu schenken, so wie ein weiser Stadtrat bisweilen mit einem bösen und gesetzlosen Bürger Nachsicht übt und ihm um des öffentlichen Friedens willen sein Bürgerrecht lässt. Gott richtet seinen Sinn anderswohin, nämlich auf die Herrlichkeit des zukünftigen Reiches, in das kein Unbeschnittener und Unreiner gelangen wird, wie die Schrift sagt usw.«[250]

Es geht also bei der Toleranz Gottes nicht etwa nur um die Erhaltung der Schöpfung, wie es die traditionelle Lehre von der *providentia Dei* und seiner *gubernatio* sagt, sondern darum, dass diese Welt in den Horizont des Reiches Gottes und der Neuschöpfung der Welt gestellt ist. Die Toleranz Gottes bedeutet auch nicht, dass der Mensch als Sünder so angenommen wird, wie er ist, und sich selbst so annehmen soll, weil er nun einmal so ist, wie er ist. Sondern Gott nimmt den Sünder an, um ihn radikal neu zu machen. Er soll – mit Paulus gesprochen – ein neues Geschöpf werden.[251] Darum heißt es in These 23:

> »Dass der Mensch gerechtfertigt wird, bedeutet nämlich nach unserer Meinung, dass er noch nicht gerecht ist, sondern sich erst in einer Bewegung oder einem Lauf auf die Gerechtigkeit zu befindet.«[252]

Um seines Heilsplanes willen ist Gott nicht nur bereit, das Böse und den Sünder zu ertragen, sondern in der Gestalt

---

250 WA 39/I, 83 (LDStA 2 [s. Anm. 239], 427).
251 Vgl. II Kor 5,17.
252 WA 39/I, 83 (LDStA 2 [s. Anm. 239], 427).

Christi die Sünde selbst auf sich zu nehmen. Mit Gerhard Ebeling gesprochen: »Im Christusgeschehen kommt die Toleranz Gottes zur innersten Verdichtung. Tolerantia Dei ist letztlich tolerantia crucis.«[253]

Allerdings spricht Luther selbst nicht von der *tolerantia crucis* und im Rahmen der zitierten dritten Disputation zur Röm 3,28 auch nicht vom Kreuz Christi oder der theologia crucis.[254] Doch in systematischer Hinsicht ist die Verbindung von Kreuzestheologie und Toleranz Gottes bei Luther evident.[255] Auch für die paulinische Theologie lässt sich dieser sachliche Zusammenhang zeigen. Zugespitzt bezeichnet Paulus in Röm 5 den sündigen Menschen als Feind Gottes. Der Tod Jesu aber ist Inbegriff und äußerste Verwirklichung der Feindesliebe Gottes. Dass Gott in Christus seine Feinde nicht nur erträgt, sondern für sie ihr Leben hingibt, steigert die Toleranz Gottes bis zum Äußersten.

5.4 Toleranter Glaube

Luther selbst zieht, wie schon gesagt, in der ausführlich zu Wort gekommenen Thesenreihe keine unmittelbaren Konsequenzen für die Praxis des Glaubens und den Umgang mit theologischen Gegnern, Andersgläubigen oder Nichtchristen. Allerdings spricht er in der ersten Thesenreihe von den

---

[253] Ebeling, Toleranz Gottes, 454.

[254] Ebeling, Toleranz Gottes, 454, Anm. 49, verweist für diese Wendung auf David Lerch, Das Problem der Toleranz in theologischer Sicht (KZF 22), Zürich 1948, 24.

[255] Vgl. auch die erste Thesenreihe (WA 39/I, 44–48), Thesen 12–13 u. 17–18 (LDStA 2 [s. Anm. 239], 403.405).

Früchten, die der Christusglaube wie selbstverständlich hervorbringen muss.[256] In der fünften Disputation erklärt Luther: »Christus nimmt unablässig in uns Gestalt an, und wir werden zu seinem Bild gestaltet, solange wir hier leben« (These 34)[257].

Sachlich besteht nun ein innerer Zusammenhang zwischen der Aussage, dass Christus sein Leben für uns, die wir von Haus aus Gottes Feinde sind, hingegeben hat, zum Gebot der Feindesliebe in der matthäischen Bergpredigt (Mt 5,43-48). Die Feindesliebe als äußerste Zuspitzung der Nächstenliebe hat in der Feindesliebe Gottes ihre Voraussetzung und ihren Beweggrund.

Der Satz, welcher die Ausführungen zur Feindesliebe beschließt: »Darum sollt ihr vollkommen sein, wie euer Vater im Himmel vollkommen ist«, kann von Paulus her in diesem Sinne weitergedacht werden. So lesen wir doch auch im Römerbrief, dass wir Böses niemals mit Bösem vergelten, auf Gutes bedacht sein und, soweit es an uns liegt, mit allen Menschen Frieden haben sollten (Röm 12,17f).[258] Statt Rache zu üben, gebietet der Apostel in einer an die Bergpredigt gemahnenden Weise: »Wenn deinen Feind hungert, gib ihm zu essen; dürstet ihn, so gib ihm zu trinken« (Röm 12,20).

Von der Toleranz des Kreuzes – der *tolerantia crucis* – handeln auch die Nachfolgesprüche in der synoptischen Tradition. Wer Christi Jünger sein will, der soll sein Kreuz auf sich nehmen und Christus, dem Gekreuzigten, nachfolgen.[259] Die Toleranz Gottes bzw. die Toleranz des Kreuzes nimmt in der

---

256 Thesen 34–36 (WA 39/I, 47 = LDStA 2 [s. Anm. 239], 406).
257 WA 39/I, 204 (LDStA 2 [s. Anm. 239], 441).
258 Vgl. auch I Thess 5,15; I Petr 3,9.
259 Mk 8,34par.

Praxis des Glaubens Gestalt an in der Bereitschaft, lieber Unrecht zu erleiden als Unrecht zu tun (I Kor 6,7), dem Bösen nicht zu widerstehen, sondern vielmehr das Böse durch Gutes zu überwinden (Röm 12,21).

In anderem Zusammenhang mahnt Paulus die Christen unterschiedlicher Herkunft und Glaubenspraxis dazu, einander wechselseitig in ihrem jeweiligen Anderssein zu ertragen, weil dies dem Geist Christi bzw. demjenigen Gottes, der dem Sünder gnädig ist, entspreche. Der Andere wird von Paulus keineswegs charismatisch-enthusiastisch bloß als Bereicherung, sondern durchaus als Last empfunden. Dennoch geht sein Toleranzverständnis über das Negative einer rein formalen Toleranz weit hinaus, indem es eine inhaltliche, christologische Bestimmung erhält: »Einer trage des anderen Last, so werdet ihr das Gesetz Christi erfüllen« (Gal 6,2). Erbarmen und Freundlichkeit, Demut, Sanftmut und Geduld sind nach Auffassung des deuteropaulinischen Kolosserbriefes die Näherbestimmungen innerchristlicher Toleranz (Kol 3,12). Seine Leser ermahnt er: »Ertragt euch gegenseitig und vergebt einander, wenn einer dem anderen etwas vorzuwerfen hat. Wie der Herr euch vergeben hat, so sollt auch ihr vergeben!« (Kol 3,13) Paulus selbst drängt die Christen unter Verweis auf das Leben und Sterben Christi, den Inbegriff göttlicher Liebe, nicht nur auf wechselseitiges Ertragen, sondern positiv zu wechselseitiger Annahme und Anerkennung: »Nehmt einander an, wie Christus euch angenommen hat zu Gottes Lob« (Röm 15,7).

Die in der Erfahrung der Annahme des Sünders begründete Aufforderung zu gegenseitiger Toleranz bedeutet keineswegs die Preisgabe des biblischen Wahrheitsverständnisses, dessen Absolutheitsanspruch religionsphänomenologisch betrachtet intolerant zu sein scheint. In der Tat erhebt das Neue Testament für die in Jesus von Nazareth sich ereignende Offenbarung Gottes einen Exklusivitätsanspruch. Einzig in Christus ist die letztgültige Wahrheit zu suchen, einzig durch ihn zu finden. Prägnant bringt Joh 14,6 das christliche Wahrheitsverständnis zum Ausdruck, wo der johanneische Christus spricht: »Ich bin der Weg und die Wahrheit und das Leben; niemand kommt zum Vater denn durch mich.« Von dieser absoluten Wahrheit, die den Menschen frei macht (vgl. Joh 8,32), sagt Paulus freilich aus, dass sie unter den Bedingungen menschlicher Existenz immer nur bruchstückhaft und wie in einem Spiegel, d. h. nicht ohne Verzerrungen erkannt werden kann (I Kor 13,12). Jede Erkenntnis der absoluten Wahrheit und jeder Versuch ihrer sprachlichen Artikulation bleibt also notwendigerweise partikular.

Nach Luther erstreckt sich die Toleranz Gottes nicht nur auf den Einzelnen, sondern auch auf die Kirche:

> »Sogar mit der Kirche und seinen Heiligen verfährt er [sc. Gott] in ähnlicher Geduld (*tolerantia*) und Güte (*bonitas*). Er duldet und erhält sie um des Anfangs seiner Schöpfung unter uns willen und verfügt, daß sie schließlich gerecht und Kinder des Reiches sein sollen.« (Thesen 21-22)

Weitergedacht gilt dies doch wohl für die Kirchen im Plural, kann doch keine einzelne Kirche oder Konfession für sich beanspruchen, allein die wahre Kirche zu sein. In diesem Sinne ist auch die Unterscheidung zwischen sichtbarer und unsichtbarer Kirche im ökumenischen Kontext zu fassen. Entsprechend dieser Unterscheidung besteht die eine Kirche Jesu Christi im Glauben.[260] Daher ist die Katholizität der Kirche

---

[260] Vgl. CALVIN, Inst. IV,1,3

Jesu Christi als kreuzestheologisch begründetes Paradox zu deuten.[261]

Ferner ist an das Gleichnis Jesu vom Unkraut unter dem Weizen zu erinnern (Mt 13,24–30), dessen Gerichtsperspektive freilich nicht ausgeblendet werden darf. Diese wiederum ist nicht gegen andere, sondern gegen uns selbst ernst zu nehmen, müssen wir doch alle vor dem Richterstuhl Christi offenbar werden (vgl. II Kor 5,10). Die Haltung der Toleranz in Glaubensfragen ist dann nicht nur pragmatisch damit zu begründen, dass ein moralischer oder dogmatischer Rigorismus nur neues Böses gebiert, sondern auch mit der selbstkritischen Einsicht, »dass uns schon das Urteil darüber verwehrt ist, wer in die Kategorie ›Unkraut‹ und wer in die Kategorie ›Weizen‹ gehört«[262]. Während das Gleichnis bei Matthäus davon spricht, dass am Ende die Menschen in Weizen und Unkraut, das ins Feuer geworfen wird, eingeteilt werden, verwendet Paulus das Bild vom Gerichtsfeuer in I Kor 3,11-15 auf eine Weise, die zwischen Person und Werk unterscheidet.

Neben der rechtfertigungstheologischen Unterscheidung zwischen Person und Werk kann schließlich auch Luthers Lehre von den zwei Regimentern für das Toleranzproblem fruchtbar gemacht werden, auch wenn dies bei Luther selbst und den übrigen Reformatoren nicht mit der gewünschten

---

[261] Darin scheint mir eine Pointe zumindest reformierter Ekklesiologie zu bestehen. Vgl. auch JANOS D. PASZTOR, Zukunft und Katholizität der reformierten Theologie, in: MICHAEL WELKER/DAVID WILLIS (Hg.), Zur Zukunft der Reformierten Theologie. Aufgaben – Themen – Traditionen, Neukirchen-Vluyn 1998, 39-62; LUKAS VISCHER, Kirche – Mutter aller Gläubigen, in: WELKER/WILLIS (Hg.), Zukunft, 295-321.

[262] WILFRIED HÄRLE, Religiöse Wurzeln der Toleranz und Intoleranz aus evangelischer Sicht, in: DERS., Spurensuche, 132-146, 146.

Folgerichtigkeit geschehen ist.[263] Luthers ursprünglicher Impuls, dem er selbst freilich nicht treu geblieben ist, bestand doch darin, dass die weltliche Obrigkeit sich um den Schutz und das Wohl des leiblichen Lebens zu sorgen habe, aber keine Macht in Fragen des Gewissens und der Gesinnung habe. Allerdings setzt sich im Verlauf der Reformation die Auffassung durch, dass die Obrigkeit nicht nur über der zweiten Tafel des Dekalogs, sondern auch über der ersten zu wachen habe, d. h. über der rechten Gottesverehrung.[264] So schränkt der spätere Calvin die Gewissensfreiheit deutlich ein:

> »Nun kann aber auch bei solchen Satzungen, die zu dem geistlichen Reich zu gehören scheinen, immerhin Irrtum vorkommen, und deshalb muß man unter diesen Satzungen einen Unterschied machen zwischen solchen, die für rechtmäßig, d. h. dem Worte Gottes entsprechend gelten müssen, und solchen, die bei den Frommen keinen Raum haben dürfen.«[265]

An dieser Stelle ist an Calvin wie auch an Luther von dem oben entwickelten Gedanken der Toleranz Gottes und seiner kreuzestheologischen Zentrierung her deutlich theologische Kritik zu üben. Wenn der Glaube nicht ein menschliches Werk, sondern das alleinige Werk Gottes bzw. des Heiligen Geistes ist, dann kann die rechte Gottesverehrung oder das, was dafür jeweils gehalten wird, nicht von der weltlichen Obrigkeit, modern gesprochen vom Staat, erzwungen werden. Sollen religiöse Geltungsansprüche nicht in Unterdrückung und Gewalt umschlagen, stellt sich die in diesem Buch schon mehr-

---

[263] Vgl. Strohm, Calvin, 224 f. Zur Zwei-Regimenter-Lehre Calvins siehe Inst. III,19,15.
[264] Vgl. Calvin, Inst. IV,20,2.9.
[265] Calvin, Inst. III,19,15.

fach angesprochene Frage, wie pluralismusfähig die Kirchen und die Religionen sind. Ein Prüfstein ist, wie schon dargelegt wurde, nicht nur die Anerkennung des weltanschaulich neutralen Rechtsstaats, der die Religionsfreiheit in ihrer positiven wie ihrer negativen und ihrer korporativen Gestalt garantiert und schützt, sondern vor allem die Anerkennung der Religionsfreiheit durch die Religionen selbst.

5.5 Weite und Grenzen der Toleranz

Eine der zentralen Fragen im interreligiösen Dialog lautet, wie sich Toleranz und eigener Wahrheitsanspruch miteinander versöhnen lassen. Ein Lackmustest ist das Verhältnis von Religionsfreiheit, Meinungsfreiheit und Freiheit der Kunst, wie nicht nur im Frühjahr 2006 der Streit um die Mohammed-Karikaturen, sondern auch die römisch-katholischen Proteste gegen Haderers Jesus-Karikaturen im Jahr 2002 gezeigt haben. Damals riefen selbst hochrangige österreichische Regierungsvertreter nach dem Staatsanwalt. Im Jahr 2005 kam es in Griechenland zu einem Gerichtsverfahren gegen den Karikaturisten, der schließlich jedoch vom Vorwurf der Verunglimpfung einer Religionsgemeinschaft freigesprochen wurde.

Anhand dieser Beispiele soll nun abschließend das Problem der Grenzen religiöser Toleranz diskutiert werden. Man hat ja rasch die Formel bei der Hand, die Toleranz finde an der Intoleranz ihre Grenze. Wer Toleranz verweigere oder bekämpfe, könne keinen Anspruch auf Toleranz erheben, weil sich die Toleranz andernfalls selbst aufheben würde. Nun hat das Thema »Grenzen der Toleranz«, wie die genannten Beispiele zeigen, jedoch mehrere Facetten. Es geht einerseits darum, wie weit die Toleranz einer Religionsgemeinschaft und ihrer Mitglieder reicht, wenn das, was ihnen heilig ist, zum Gegenstand öffentlicher Kritik gemacht wird. Markiert der Blasphemievorwurf eindeutige Grenzen der Toleranz gegenüber den verschiedensten Spielarten der Religionskritik oder zumindest Grenzen des guten Geschmacks? Es geht andererseits aber auch um die Frage, wo die Grenzen der Toleranz für den weltanschaulich neutralen Staat liegen, der sowohl das Recht auf freie Meinungsäußerung als auch das Recht auf Religionsfreiheit sowie die Rechte von Minderheiten schützen muss. Wo schlägt freie Meinungsäußerung in Beleidigung und Herabwürdigung anderer Menschen um?

Die Gemeinschaft Evangelischer Kirchen in Europa (GEKE) hat sich im Zusammenhang mit dem »Karikaturenstreit« besorgt über Tendenzen geäußert, die Geltung der Grundrechte aus religiösen Gründen einzuschränken. In einer Stellungnahme erklärte der Exekutivausschuss der GEKE am 8. April 2006:[266]

> »Meinungsfreiheit und die Freiheit der Religionsausübung dürfen nicht gegeneinander gesetzt werden. Die Freiheit des Glaubens und des Gewissens, das freie Wort, aber auch die Achtung vor der Würde des Menschen, die in keiner menschlichen Eigenschaft oder Leistung, sondern allein in der bedingungslosen Liebe und zuvorkommenden Gnade Gottes gründen, entsprechen der biblischen Sicht des Menschen, wie sie durch die reformatorische Rechtfertigungslehre neu zur Geltung gebracht worden ist.
> Religionsfreiheit schließt das Recht auf öffentliches Bekenntnis und öffentliche Ausübung der Religion ebenso ein wie das Recht auf Religionskritik. Viele Religionen sind aufgrund neuer theologischer Einsichten aus der kritischen Auseinandersetzung mit bestehenden Reli-

---

[266] Der Text ist im Internet abrufbar unter www.leuenberg.eu/sites/default/files/doc-1283-2.pdf (Stand: 3.12.2013).

gionen hervorgegangen. Das gilt für das Christentum ebenso wie für den Islam. Insbesondere die Kirchen der Reformation sind aus einer religiösen Freiheitsbewegung und aus der Kritik an bestehenden kirchlichen Verhältnissen und Lehren hervorgegangen. Deshalb hat das Recht auf freie Meinungsäußerung in unseren Kirchen einen besonderen Stellenwert. Der Anspruch der Religionen, in der Öffentlichkeit an anderen Religionen oder gesellschaftlichen Verhältnissen Kritik üben zu dürfen, muss die Bereitschaft, sich selbst mit allen zulässigen Mitteln der freien Meinungsäußerung kritisieren zu lassen, einschließen. Eine Religion, welche sich selbst gegen jede Kritik verwahrt und immunisiert, ist totalitär. Sie missachtet letztlich die Differenz zwischen sich selbst und ihrem transzendenten Grund, zwischen Gott selbst und dem ihn bezeugenden Glauben.«

Der Respekt vor anderen Religionen bedeutet eben nicht, dass man sich den religiösen Vorschriften und damit der Logik eines anderen Glaubens zu unterwerfen hat. Mag es konkret Muslimen verboten sein, den Propheten Mohammed bildlich darzustellen, so doch nicht den Christen. Respekt vor anderen Religionen bedeutet eben nicht, wie gelegentlich in der Debatte rund um den Karikaturenstreit zu hören war, dass mir alles heilig sein muss, was anderen heilig ist. Damit würde ich ja meinen eigenen Glauben gerade verleugnen.

Nach evangelischem Verständnis ist Freiheit allerdings niemals bindungslos, sondern mit Verantwortung und Liebe verbunden. Das zeigt schon ein Blick in das Neue Testament. »Alles ist erlaubt, aber nicht alles dient zum Guten«, schreibt der Apostel Paulus in I Kor 10,23. Entscheidungskriterium für die Ausübung der eigenen Freiheit ist die Frage, was dem Mitmenschen, dem Guten und dem Frieden dient. Dieselbe Frage stellt sich auch, wenn es um Meinungsfreiheit und die Freiheit der Medien geht. Ihre Grenzen finden Meinungsfreiheit, die Freiheit der Medien und der Kunst im Rahmen der staatlichen Grundrechte dort, wo sie zur Herabwürdigung von

Menschen und zu ihrer Diskriminierung missbraucht werden. Es gibt daher, wie die GEKE in dem erwähnten Dokument festhält, »einen wohlbegründeten Verzicht auf die Ausübung bestehender Freiheitsrechte, der in der Liebe zum Nächsten seinen Grund und sein Maß findet.«

Jesus von Nazareth verkündigte das Reich Gottes nicht mit Feuer und Schwert, sondern in Wort und Tat, mit gewaltloser Liebe und Hingabe bis in den Tod.[267] Wer Christus nachfolgen will, darf niemals mit Gewalt, sondern allein mit dem Wort für die Wahrheit streiten. Eben darum sind die Grundrechte der Meinungsfreiheit und der Religionsfreiheit aus christlicher Sicht ein hohes Gut, das es zu schützen gilt. Sie im Namen der Toleranz einschränken zu wollen, wäre gerade kein Ausdruck von Toleranz, sondern deren Perversion.

---

[267] Vgl. auch Joh 12,47.

Veröffentlichungsnachweise

1. Kapitel
Eine kürzere Fassung ist erschienen in: Glaube und Lernen 28, 2013, H. 2, 107–121, für den vorliegenden Band erweitert.

2. Kapitel
Erschienen unter dem Titel »Ein Versuch, das Religiöse vor dem Vergessen zu bewahren«. Über den Fehl Gottes im Gespräch mit Martin Walser«, in: Jan-Heiner Tück (Hg.), Was fehlt, wenn Gott fehlt? Martin Walser über Rechtfertigung – theologische Erwiderungen, Freiburg/Basel/Wien 2013, 119–134.

3. Kapitel
Unveröffentlichter Vortrag, gehalten am 6.3.2013 im Bildungshaus St. Virgil, Salzburg

4. Kapitel
Erschienen unter dem Titel »Gott und Gehirn – Neurophysiologische Herausforderungen für die Theologie«, in: Christian Ammer/Andreas Lindemann (Hg.), Hirnforschung und Menschenbild (Erkenntnis und Glaube, Bd. 44), Leipzig 2012, 65–98.

5. Kapitel
Erschienen unter dem Titel »Reformation und Toleranz«, in: Standpunkt. Zeitschrift des Evangelischen Bundes in Österreich, H. 210, Wien 2013, S. 3–24. Eine kürzere Fassung ist erschienen in: MdKI 64, 2013, H. 1, S. 3–8.

Alle Texte wurden für den diesen Band nochmals überarbeitet.

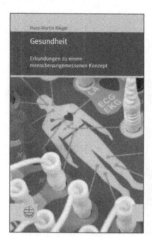